# ACTUS
## JANVIER – FÉVRIER 2025

### La paix le 1er janvier… et toute l'année ?

Le 1er janvier, c'est la Journée mondiale de la paix. Pour 2025, le pape François a donné le thème : « Pardonne-nous nos offenses : accorde-nous ta paix. » Aujourd'hui, il y a des guerres et des conflits dans le monde, mais nous pouvons changer les choses. Pour que la paix s'installe vraiment, chacun de nous doit s'impliquer concrètement à l'endroit où il se trouve. Célébrer la paix le jour de l'an, c'est à la fois un souhait et une promesse : nous allons faire en sorte que la nouvelle année soit une année de paix.

**+1**

**Le 6 janvier, on partage la galette des rois. Selon la tradition, les familles coupaient une part de plus que le nombre d'invités pour l'offrir à un pauvre.**

### Vive les consacrés !

DR.

Le 2 février, on fête les hommes et les femmes qui ont choisi de consacrer leur vie à Dieu. Ils s'engagent à prier et aider les autres chaque jour. Ils sont prêtres, religieux ou religieuses, comme Laure (tu peux lire son témoignage page 62). On appelle cela la « vie consacrée ». On la fête le jour où on se souvient de la présentation de Jésus au Temple (voir page suivante).

À LIRE

## Mission Routard à Rome

Peut-être vas-tu te rendre à Rome avec ta famille ou ta paroisse à l'occasion de l'Année sainte qui s'est ouverte le 24 décembre. Avec ce guide, tu seras incollable sur Rome et ses monuments. Mais Mission Routard, c'est aussi six aventures captivantes se déroulant dans six endroits différents de Rome. Alors, prêt pour la visite ?

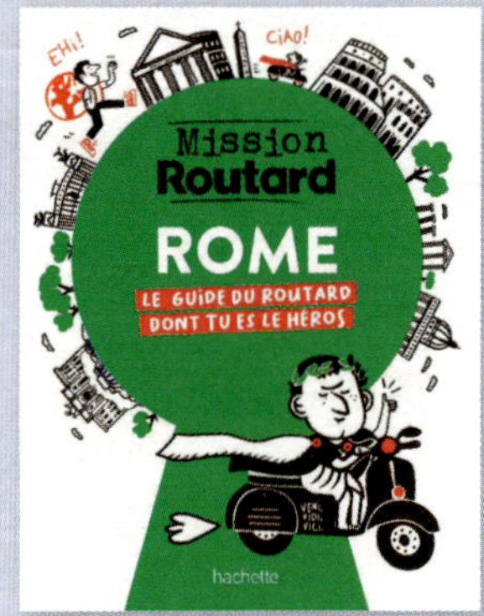


**Rome,** collectif d'auteurs, collection Mission Routard, Éd. Hachette, 160 pages.

À LIRE

## La Bible racontée

Tu écoutes des passages de la Bible à la messe et au caté. Dans cette bible, tu découvriras les plus belles histoires de l'Ancien et du Nouveau Testament : la création du monde, les rois et les prophètes, Jésus et les Apôtres...

**La Bible racontée,** François Campagnac et Christophe Raimbault, illustrations : Gaël Lannurien et Cyla Costa, Éd. Mame, 372 pages.

**LE SAVAIS-TU ?** Le 2 février, on fête la Chandeleur. Cette fête s'appelle ainsi car, avant, les gens allumaient des chandelles (une sorte de bougie). Elles symbolisaient Jésus, la lumière qui éclaire le monde. Aujourd'hui, on célèbre cette fête en mangeant des crêpes : leur forme ronde rappelle le soleil, un autre symbole de la lumière. La Chandeleur correspond à la présentation du Seigneur au Temple, lorsque Marie et Joseph ont consacré Jésus à Dieu. Tu peux lire cette histoire page 57.

# À VOUS LA PAROLE !

Tous les soirs, je prie. Je n'ai pas de coin prière, mais j'arrive à prier sans. En ce moment, je prie pour toutes les personnes qui sont atteintes d'une maladie très grave, comme le cancer. Je trouve ça très injuste que ces personnes passent leurs journées dans des hôpitaux sans rien faire et que ceux qui ne sont pas malades soient heureux. Même si on ne le choisit pas.

Juliette, 11 ans

**'hère Juliette,**
*a lettre est magnifique. Quel bon cœur ! u sais que, mystérieusement, ta prière peut onner du courage à certaines personnes ıalades, hospitalisées ou immobilisées. 'ontinue à prier régulièrement !*

**Cher Noé,** *merci beaucoup pour ton dessin magnifique qui représente l'arrivée des rois mages à la crèche, grâce à l'étoile du Berger. Tout le monde se réjouit de la naissance de Jésus !*

Noé, 10 ans

## MESSAGE, UNE PRIÈRE, UN DESSIN, UNE PHOTO, C'EST PAR ICI !

ıère rédaction, ..........................................................

..........................................................

..........................................................

..........................................................

'es photos, n'oublie pas de joindre une autorisation signée de tes parents !

*Remplis ce coupon recto verso, mets-le dans une enveloppe timbrée et envoie-le à :*
Prions en Église Junior,
*18, rue Barbès,*
*92 128 Montrouge Cedex.*
*Ou à : prionseneglisejunior @groupebayard.com*

## COURRIER

J'ai choisi le pape Sixte II, parce que je m'appelle Sixtine. Je l'aime beaucoup parce qu'il a été artisan de paix.

**Sixtine, 8 ans**

**Chère Sixtine,**

*En réponse à notre proposition de l'atelie de l'Évangile du 1^er^ novembre, tu as choisi le pape Sixte II pour t'aider à chemine vers Jésus. C'est supe de t'intéresser à la vie de ton saint patron ! Sais-tu qu'il vivait au 3^e^ siècle ?*

Voici mon dessin : mes parents et moi priant Marie de nous aider à laver notre cœur.

**Sarah, 8 ans**

**Chère Sarah,**

*Quelle bonne idée de demander à Marie de t'aider à laver ton cœur ! Peut-être que prier en famille, avec tes parents, t'aide aussi, non ?*

MON NOM : ..............................................................................

MON PRÉNOM : ..............................................................................

MA DATE DE NAISSANCE : ..............................................................................

MON ADRESSE : ..............................................................................

..............................................................................

*N'oublie pas d'indiquer ton adresse complète si tu veux recevoir une réponse.*

# Comment fait-on pour aimer le Bon Dieu ?

Sixtine, 10 ans

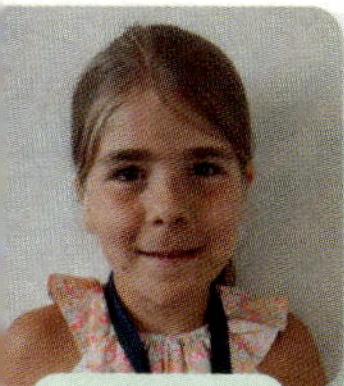

**Camille,** 11 ans

On n'est pas forcément obligé d'aimer Dieu, mais si on veut l'aimer, il faut faire tout par amour pour Dieu. Tout ce qu'on fait, c'est pour Dieu.

**Cyprien,** 9 ans

On aime Dieu en priant. Moi, je prie tous les soirs avec ma famille ; on prie tous ensemble devant le coin prière. Et en communiant aussi : on est en lui et, du coup, on l'aime.

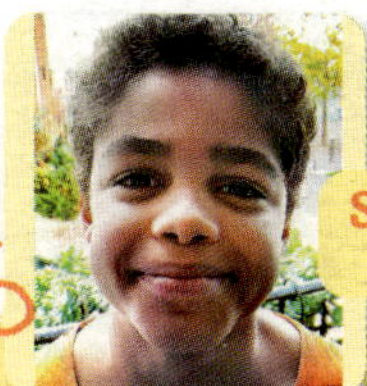

**Samuel,** 10 ans

On essaie de respecter ses commandements le plus possible. On écoute sa parole dans a Bible et pendant la messe. On communique avec lui en priant à la maison et à l'église. On pense à lui souvent, partout où on est. On le garde toujours dans son cœur, qu'on s'active ou pas.

**Philomène,** 11 ans

Je pense qu'on aime Dieu en le priant. Il y a aussi une phrase qui dit que tout ce qu'on fait à un petit, c'est à Jésus qu'on le fait. Donc aider les plus petits, c'est aussi aimer Dieu.

**Amédée,** 10 ans

J'aime le Bon Dieu en allant à la messe le plus possible tous les dimanches. Parfois, on se dérange pour aller à la messe, on fait des efforts pour Dieu. Il faut aussi se confesser souvent, pour avoir le moins de péchés possible.

**Tressy,** 10 ans

On aime le Bon Dieu en priant, en respectant les gens, en aidant les personnes âgées. Et en aimant ce qu'il nous donne.

DES QUESTIONS,
A PRIÈRE,
A FOI, SUR JÉSUS ?
-NOUS !

Propos recueillis par Anne-Quitterie Jozeau, Frédéric Pascal et Cécile Toussaint. Photos : D. R.

JEU

# Le mont Sainte-Odile

Le sanctuaire du mont Sainte-Odile est un haut lieu spirituel situé en Alsace. Un couvent se trouve en haut, à 753 mètres d'altitude. Plus d'un million de personnes y viennent en pèlerinage chaque année.

Dessin : Claire Le Meil

# MA SEMAINE

## Lundi 30 décembre

Saint Roger

Pour préparer 2025, j'entoure dans mon agenda les fêtes de mes amis, pour leur souhaiter le jour J !

## Mardi 31 décembre

Saint Sylvestre

Mon meilleur souvenir de 2024 :

.............................................................

.............................................................

.............................................................

## Mercredi 1er janvier

Sainte Marie, mère de Dieu

Aujourd'hui, je dis une petite prière à Marie.

## Jeudi 2 janvier

Saint Basile le Grand

Mon film préféré, c'est :

.............................................................

.............................................................

## Vendredi 3 janvier

Sainte Geneviève

Ce que j'ai préféré pendant ces vacances de Noël :

.............................................................

.............................................................

## Samedi 4 janvier

Sainte Angèle de Foligno

Aujourd'hui, je prie pour tous les bébés qui naissent dans le monde !

## Dimanche 5 janvier

Épiphanie du Seigneur

Je lis l'évangile de ce dimanche et je fais l'atelier (pages 14-17).

Et moi, quelle étoile me guide ? .............................................................

.............................................................

# ÉPIPHANIE DU SEIGNEUR

## Première lecture

**Voici un texte de la Bible vieux de 2500 ans.
Il annonce un événement heureux
pour la terre entière.**

### Lecture du livre du prophète Isaïe

Chapitre 60, versets 1 à 6

Debout, Jérusalem, resplendis ! Elle est venue,
ta lumière, et la gloire du Seigneur s'est levée sur toi.
Voici que les ténèbres couvrent la terre, et la nuée obscure
couvre les peuples. Mais sur toi se lève le Seigneur,
sur toi sa gloire apparaît. Les nations marcheront
vers ta lumière, et les rois, vers la clarté de ton aurore.
Lève les yeux alentour, et regarde : tous, ils se rassemblent,
ils viennent vers toi ; tes fils reviennent de loin,
et tes filles sont portées sur la hanche.
Alors tu verras, tu seras radieuse, ton cœur frémira
et se dilatera. Les trésors d'au-delà des mers afflueront
vers toi, vers toi viendront les richesses des nations.
En grand nombre, des chameaux t'envahiront,
de jeunes chameaux **de Madiane et d'Épha.**
Tous les gens **de Saba** viendront, apportant l'or et l'encens ;
ils annonceront les exploits du Seigneur.

- **de Madiane et d'Épha :** Madiane et Épha étaient des tribus ennemies du peuple d'Israël.
- **de Saba :** Saba est un royaume d'Arabie, connu pour son or, ses pierres précieuses et ses parfums.

## Psaume 71

### *Toutes les nations, Seigneur, se prosterneront devant toi.*

Dieu, donne au roi tes pouvoirs,
à ce fils de roi ta justice.
Qu'il gouverne ton peuple avec justice,
qu'il fasse droit aux malheureux !

En ces jours-là, fleurira la justice,
grande paix jusqu'à la fin des lunes !
Qu'il domine de la mer à la mer,
et du Fleuve jusqu'au bout de la terre !

Les rois de Tarsis et des Îles apporteront des présents.
Les rois de Saba et de Seba feront leur offrande.
Tous les rois se prosterneront devant lui,
tous les pays le serviront.

Il délivrera le pauvre qui appelle
et le malheureux sans recours.
Il aura souci du faible et du pauvre,
du pauvre dont il sauve la vie.

## Deuxième lecture

**Saint Paul veut convaincre les chrétiens que Jésus Christ est venu pour tous les hommes, sans exception.**

### Lecture de la lettre de saint Paul apôtre aux Éphésiens

Chapitre 3, versets 2 à 3a, et versets 5 à 6

Frères, vous avez appris, je pense, en quoi consiste
la grâce que Dieu m'a donnée pour vous :
**par révélation,** il m'a fait connaître le mystère.
Ce mystère n'avait pas été porté à la connaissance
des hommes des générations passées,
comme il a été révélé maintenant à ses saints Apôtres
et aux prophètes, dans l'Esprit.
Ce mystère, c'est que toutes les nations
sont associées au même héritage, au même corps,
au partage de la même promesse,
dans le Christ Jésus, par l'annonce de l'Évangile.

• **par révélation :** faire une révélation, c'est faire connaître ce qui était inconnu, secret.

# Évangile

**À la naissance de Jésus, des étrangers qui vivaient très loin sont partis à sa recherche. Ils savaient que quelqu'un de grand était né pour le monde entier.**

## Évangile de Jésus Christ selon saint Matthieu

Chapitre 2, versets 1 à 12

Jésus était né à Bethléem en Judée, au temps du roi Hérode le Grand. Or, voici que **des mages** venus d'Orient arrivèrent à Jérusalem et demandèrent :
« Où est le roi des Juifs qui vient de naître ?
Nous avons vu son étoile à l'orient et nous sommes venus nous prosterner devant lui. » En apprenant cela, le roi Hérode fut bouleversé, et tout Jérusalem avec lui.
Il réunit tous les grands prêtres et les scribes du peuple, pour leur demander où devait naître **le Christ.**
Ils lui répondirent : « À Bethléem en Judée, car voici ce qui est écrit par le prophète : *Et toi, Bethléem, terre de Juda, tu n'es certes pas le dernier parmi les chefs-lieux*

- **des mages :** les mages étaient des étrangers, peut-être des spécialistes des étoiles. L'évangile ne dit pas qu'ils étaient rois.
- **le Christ :** on dit aussi « Messie ». Certains Juifs attendaient un Christ, un envoyé de Dieu. Pour les chrétiens, Jésus est le Christ.
- **de l'or, de l'encens et de la myrrhe :** à l'époque de Jésus, l'or, l'encens et la myrrhe étaient des matières précieuses et chères. On offrait de l'or aux rois, on brûlait de l'encens au Temple pour prier Dieu et on mettait de l'huile parfumée à la poudre de myrrhe sur le front des nouveaux prêtres.

*de Juda, car de toi sortira un chef, qui sera le berger de mon peuple Israël.* » Alors Hérode convoqua les mages en secret pour leur faire préciser à quelle date l'étoile était apparue; puis il les envoya à Bethléem, en leur disant : « Allez vous renseigner avec précision sur l'enfant. Et quand vous l'aurez trouvé, venez me l'annoncer pour que j'aille, moi aussi, me prosterner devant lui. » Après avoir entendu le roi, ils partirent.
Et voici que l'étoile qu'ils avaient vue à l'orient les précédait, jusqu'à ce qu'elle vienne s'arrêter au-dessus de l'endroit où se trouvait l'enfant. Quand ils virent l'étoile, ils se réjouirent d'une très grande joie. Ils entrèrent dans la maison, ils virent l'enfant avec Marie sa mère; et, tombant à ses pieds, ils se prosternèrent devant lui. Ils ouvrirent leurs coffrets, et lui offrirent leurs présents : **de l'or, de l'encens et de la myrrhe.**
Mais, avertis en songe de ne pas retourner chez Hérode, ils regagnèrent leur pays par un autre chemin.

# Ton atelier de l'Évangile

**1** Pour parvenir jusqu'à Jésus, les mages ont suivi quelque chose. Mais quoi ?

*Retrouve dans l'évangile les mots correspondant à ces définitions pour faire apparaître le mot mystère.*

1. Un des cadeaux des mages (on l'utilise parfois à la messe).
2. La région d'où viennent les mages.
3. Le roi au temps de la naissance de Jésus.
4. Le prénom de la maman de Jésus.
5. La ville où est né Jésus.
6. Ils sont trois et viennent de loin pour voir Jésus.

*Mot mystère : Étoile.*
*Réponses : 1. Encens ; 2. Orient ; 3. Hérode ; 4. Marie ; 5. Bethléem ; 6. Mages.*

**2** Les mages ont accompli un long voyage pour aller à la rencontre de Jésus. Y a-t-il dans ton entourage une personne que tu aimerais mieux connaître ? Un copain, un paroissien, un voisin ?

*Écris son nom.*

→ ..................................................................................

..................................................................................

**3** Hérode dit aux mages : « Moi aussi, je vais me prosterner devant l'enfant. » Pourquoi Hérode réagit-il comme cela ?

*Coche la case ou les cases qui te semblent répondre à la question.*

☐ En fait, il n'a pas vraiment envie de rencontrer Jésus mais il a peur que Jésus lui prenne sa place, alors il veut savoir où il est.

☐ Il ne savait pas que Jésus allait naître et il a hâte de le rencontrer.

☐ Il est jaloux que des gens importants aient fait un si grand voyage pour quelqu'un d'autre que lui.

**4** À la place des mages quel cadeau aurais-tu offert à Jésus ?

*Dessine un paquet-cadeau. Écris en dessous ce que tu souhaites offrir à Jésus. Tu pourras ensuite le déposer dans ta crèche à côté des rois mages ou l'envoyer à la rédaction de* Prions en Église Junior *(voir page 5).*

## Autrement dit

Jésus naît en pleine nuit dans une pauvre étable d'une petite ville. Et pourtant, des mages parcourent des kilomètres pour l'adorer ! Ils ont compris que cet événement minuscule contenait quelque chose de très grand. Dans notre vie aussi, le Seigneur vient, sans bruit. À nous de comprendre combien cela est grand !

# J'ai participé à la galette de la paroisse

• Début janvier, la paroisse s'est retrouvée pour la galette des rois. Les crèches et les décorations de Noël sont encore partout. Nous continuons à célébrer la joie de la naissance de Jésus !

• J'ai expliqué à mon petit frère : la tradition de la galette est liée à la fête de l'Épiphanie. L'Évangile raconte que des mages ont suivi une étoile très brillante. Elle leur indiquait la naissance d'un roi. Ils sont arrivés à Bethléem et ils ont trouvé un petit enfant avec ses parents : c'était Jésus.

Les mages ont offert trois choses à Jésus : de l'or, pour montrer qu'il est un roi, de l'encens, parce qu'il est Dieu, et de la myrrhe, qui sert à soigner parce qu'il va avoir une vie d'épreuves.
La tradition leur a donné des prénoms (Melchior, Balthazar, Gaspard) et a dit qu'ils étaient des rois.
Et en janvier, on les imite : dans certains pays, on se rend visite ; ailleurs, on s'offre des cadeaux.

Chez nous, on partage une galette ! Celui qui trouve la fève reçoit une couronne et il peut choisir sa reine ou son roi ! C'est notre façon de célébrer notre joie d'être ensemble en cette période de fête.

**Et toi, avec qui partages-tu la galette des rois ? Écris-nous pour nous raconter (voir page 5) !**

Texte : Bénédicte Journet. Illustrations : Camouche.

# MA SEMAINE

## Lundi 6 janvier

Saints Balthazar, Gaspard et Melchior

Aujourd'hui, je propose un jeu à la récré !

## Mardi 7 janvier

Saint Raymond de Penyafort

Dans mon coin prière, je dis quelques mots à Jésus, pour mes parents.

## Mercredi 8 janvier

Saint Lucien

Le livre que je lis en ce moment :

..................................................

..................................................

..................................................

## Jeudi 9 janvier

Bienheureuse Alix Le Clerc

En ce moment, je me sens...

- ☐ Heureux
- ☐ Songeur
- ☐ Dynamique

## Vendredi 10 janvier

Saint Guillaume de Bourges

Aujourd'hui, j'ai fait mes devoirs avec : ..................................

..................................................

..................................................

## Samedi 11 janvier

Sainte Angélique

Qu'est-ce qui m'a rendu joyeux aujourd'hui ?

..................................................

..................................................

## Dimanche 12 janvier

Baptême du Seigneur

Je lis l'évangile de ce dimanche et je fais l'atelier (pages 24-27).
Est-ce que j'ai déjà assisté à un baptême ? Si oui, j'écris le prénom du ou des baptisés : ..................................

..................................................

# BAPTÊME DU SEIGNEUR

## Première lecture

**Jésus vient de la part de Dieu pour nous consoler et nous aider. Il y a très longtemps, le prophète Isaïe annonçait déjà cette consolation.**

### Lecture du livre du prophète Isaïe

Chapitre 40, versets 1 à 5 et versets 9 à 11

Consolez, consolez mon peuple – dit votre Dieu –,
parlez au cœur de Jérusalem.
Proclamez que son service est accompli,
que son crime est expié, qu'elle a reçu
de la main du Seigneur le double pour toutes ses fautes.
Une voix proclame : « Dans le désert,
préparez le chemin du Seigneur; tracez droit,
dans les terres arides, une route pour notre Dieu.
Que tout ravin soit comblé, toute montagne
et toute colline abaissées ! que les escarpements
se changent en plaine, et les sommets, en large vallée !
Alors se révélera la gloire du Seigneur, et tout être de chair
verra que la bouche du Seigneur a parlé. »
Monte sur une haute montagne, toi qui portes la bonne
nouvelle à Sion. Élève la voix avec force, toi qui portes
la bonne nouvelle à Jérusalem. Élève la voix, ne crains pas.
Dis aux villes de Juda : « Voici votre Dieu ! »
Voici le Seigneur Dieu ! Il vient avec puissance;
son bras lui soumet tout. Voici le fruit de son travail
avec lui, et devant lui, son ouvrage.
Comme un berger, il fait paître son troupeau :
son bras rassemble les agneaux, il les porte sur son cœur,
il mène les brebis qui allaitent.

# Psaume 103

***Bénis le Seigneur,***
***ô mon âme ;***
***Seigneur mon Dieu,***
***tu es si grand !***

Revêtu de magnificence,
tu as pour manteau la lumière !
Comme une tenture, tu déploies les cieux,
tu élèves dans leurs eaux tes demeures.

Des nuées, tu te fais un char,
tu t'avances sur les ailes du vent ;
tu prends les vents pour messagers,
pour serviteurs, les flammes des éclairs.

Quelle profusion dans tes œuvres, Seigneur !
Tout cela, ta sagesse l'a fait ; la terre s'emplit de tes biens.
Voici l'immensité de la mer,
son grouillement innombrable d'animaux grands et petits.

Tous, ils comptent sur toi
pour recevoir leur nourriture au temps voulu.
Tu donnes : eux, ils ramassent ;
tu ouvres la main : ils sont comblés.

Tu caches ton visage : ils s'épouvantent ;
tu reprends leur souffle, ils expirent
  et retournent à leur poussière.
Tu envoies ton souffle : ils sont créés ;
tu renouvelles la face de la terre.

## Deuxième lecture

**Tite est un disciple de Paul. C'est un chrétien d'origine grecque. Dans cette lettre, Paul lui enseigne le sens du baptême.**

### Lecture de la lettre de saint Paul apôtre à Tite

Chapitre 2, versets 11 à 14, et chapitre 3, versets 4 à 7

Bien-aimé, la grâce de Dieu s'est manifestée
pour le salut de tous les hommes. Elle nous apprend
à renoncer à l'impiété et aux convoitises de ce monde,
et à vivre dans le temps présent de manière raisonnable,
avec justice et piété, attendant que se réalise
la bienheureuse espérance : la manifestation de la gloire
de notre grand Dieu et Sauveur, Jésus Christ.
Car il s'est donné pour nous afin de nous racheter
de toutes nos fautes, et de nous purifier pour faire
de nous son peuple, un peuple ardent à faire le bien.
Lorsque Dieu, notre Sauveur, a manifesté sa bonté
et son amour pour les hommes, il nous a sauvés,
non pas à cause de la justice de nos propres actes, mais
par **sa miséricorde.** Par le bain du baptême, il nous a fait
renaître et nous a renouvelés dans **l'Esprit Saint.** Cet Esprit,
Dieu l'a répandu sur nous en abondance, par Jésus Christ
notre Sauveur, afin que, rendus justes par sa grâce,
nous devenions en espérance héritiers de la vie éternelle.

• **sa miséricorde :** la miséricorde de Dieu, c'est sa bonté.
Il pardonne aux hommes car il est sensible à leur malheur.

• **l'Esprit Saint :** l'Esprit Saint, c'est le souffle de Dieu,
sa présence invisible, sa force de vie.
C'est aussi le lien mystérieux qui unit le Père et le Fils.

# Évangile

**Jean Baptiste est le cousin de Jésus.
Il baptise dans le fleuve Jourdain
tous les hommes qui veulent se purifier
de leurs péchés et se rapprocher de Dieu.**

## Évangile de Jésus Christ selon saint Luc

Chapitre 3, versets 15 à 16, et 21 à 22

En ce temps-là, le peuple venu auprès de Jean le Baptiste était en attente, et tous se demandaient en eux-mêmes si Jean n'était pas le Christ. Jean s'adressa alors à tous :
« Moi, je vous baptise avec de l'eau; mais il vient, celui qui est plus fort que moi. Je ne suis pas digne de dénouer la courroie de ses sandales.
Lui vous baptisera dans l'Esprit Saint et **le feu.** »
Comme tout le peuple se faisait baptiser et qu'après avoir été baptisé lui aussi, Jésus priait, le ciel s'ouvrit.
L'Esprit Saint, sous **une apparence corporelle,**
comme une colombe, descendit sur Jésus,
et il y eut une voix venant du ciel :
« Toi, tu es mon Fils bien-aimé; en toi, je trouve ma joie. »

- **le feu :** le feu représente l'amour de Dieu pour les hommes. Ici, Jean Baptiste annonce la Pentecôte, quand l'Esprit Saint se manifestera auprès des disciples de Jésus.
- **une apparence corporelle :** l'apparence corporelle désigne ici le corps physique, tel qu'on le voit. L'Esprit descend sur Jésus sous la forme d'une colombe bien vivante.

Illustration : Marcelino Truong

# Ton atelier de l'Évangile

**1** Il y a deux personnages principaux dans l'évangile de ce dimanche.
*Relis bien l'évangile et, pour chaque proposition, entoure le nom de celui dont on parle.*

a. Il baptise avec de l'eau ........ Jésus Jean Baptiste
b. Il baptise dans l'Esprit Saint et le feu ........ Jésus Jean Baptiste
c. Il est le Fils de Dieu ........ Jésus Jean Baptiste
d. Une colombe descend sur lui ........ Jésus Jean Baptiste
e. Les gens se demandent s'il n'est pas le Christ ........ Jésus Jean Baptiste

*Réponses : a. Jean Baptiste ; b. Jésus ; c. Jésus ; d. Jésus ; e. Jean Baptiste.*

**2** La voix venue du ciel dit « Toi, tu es mon Fils bien-aimé ; en toi, je trouve ma joie. » Et toi, qu'est-ce qui te donne de la joie ?
*Décris ci-dessous une situation qui t'a procuré beaucoup de joie.*

→ ..................................................

..................................................

..................................................

..................................................

..................................................

..................................................

**3** **Connais-tu la date de ton baptême ?**
**As-tu été baptisé bébé ou un peu plus grand ?**

*Demande à tes parents de te parler de ce jour important. Tu peux aussi appeler ton parrain et ta marraine pour qu'ils te racontent pourquoi ils ont accepté ce rôle à tes côtés. Ensuite, écris les détails de ton baptême :*

La date de mon baptême : ..........................................................

L'église où j'ai été baptisé : ..........................................................

Le prêtre qui m'a baptisé : ..........................................................

Mon parrain, c'est : ..........................................................

Ma marraine, c'est : ..........................................................

**4**

**La colombe est le signe du Saint-Esprit. C'est lui qui nous aide à aimer Jésus.**

*Écris dans la colombe ce qui t'aide à grandir dans la foi.*

## Autrement dit

Jean s'appelle « le Baptiste » parce qu'il propose aux gens un baptême dans les eaux du Jourdain pour purifier leur cœur et commencer une vie nouvelle. Lui aussi, Jésus demande et reçoit le baptême. Mais comme il est le Fils de Dieu, des signes viennent du ciel pour montrer à tous que Jésus n'est pas comme tout le monde. La colombe est le signe du Saint-Esprit et la voix témoigne de la présence de Dieu le Père, qui désigne Jésus comme son Fils bien-aimé.

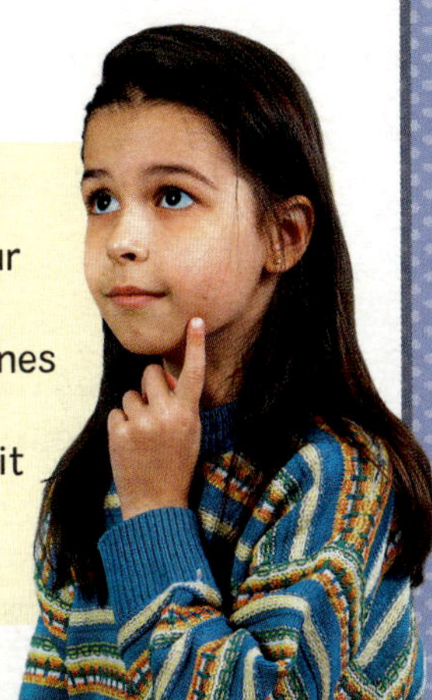

DOC ART

Jésus en images

# Le baptême du Christ par saint Jean Baptiste

*Clôture nord de la cathédrale Notre-Dame de Paris (14e siècle).*

**Jean Baptiste verse de l'eau sur la tête de Jésus.
L'Évangile nous dit qu'alors une voix se fait entendre depuis le ciel.
C'est Dieu le Père qui dit : « Celui-ci est mon Fils bien-aimé. »**

**Les gens sont plongés dans l'eau par Jean Baptiste pour être purifiés de leurs péchés.**

Mais Jésus n'a pas de péché ! Alors, d'après toi, pourquoi vient-il recevoir ce baptême-là ?

**Ce jour-là, Jésus nous fait connaître son Père, c'est comme si le ciel s'ouvrait pour nous !**

Les ailes de l'ange (à droite) nous le rappellent.
Si, toi, tu avais des ailes, que ferais-tu en premier ?

**Quand on est baptisé, on est plongé dans la vie du Christ.**

En signe de cette vie nouvelle, on reçoit un vêtement.
De quelle couleur est-il, d'après toi, si tu as déjà assisté à un baptême ?

**Ces sculptures de Notre-Dame de Paris sont comme une BD sur la vie de Jésus.**

Dieu n'y est pas représenté.
Pourtant un geste nous montre que Jésus est uni à son Père…
Quels gestes fais-tu, toi, quand tu veux prier ?

Texte : Monique Scherrer. Photo : Pascal Lemaitre/Viollet le Duc ©Artedia/Leemage.

# MA SEMAINE

## Lundi 13 janvier

Sainte Yvette

Cette semaine, j'aimerais :

........................................................................

........................................................................

........................................................................

## Mardi 14 janvier

Sainte Nina

Pour mon coin prière, je dessine quelque chose de bien qui m'est arrivé aujourd'hui.

## Mercredi 15 janvier

Saint Remi

J'aime jouer à :

........................................................................

........................................................................

........................................................................

## Jeudi 16 janvier

Saint Marcel

À l'école, j'aimerais être ami avec :

........................................................................

........................................................................

........................................................................

## Vendredi 17 janvier

Saint Antoine le Grand

Seigneur Jésus, aide-moi à :

........................................................................

........................................................................

........................................................................

## Samedi 18 janvier

Sainte Marguerite

J'écris mon métier de rêve :

........................................................................

........................................................................

## Dimanche 19 janvier

Saint Marius

Je lis l'évangile de ce dimanche et je fais l'atelier (pages 34-37).
Si j'ai déjà assisté à un mariage, j'écris le prénom des mariés :

........................................................................

........................................................................

# 2E DIMANCHE DU TEMPS ORDINAIRE

## Première lecture

**Voici une déclaration d'amour.
C'est Dieu qui la fait au peuple d'Israël
par la bouche d'Isaïe. Quel bonheur,
Dieu est amoureux de son peuple !**

### Lecture du livre du prophète Isaïe

Chapitre 62, versets 1 à 5

Pour la cause de Sion, je ne me tairai pas,
et pour Jérusalem, je n'aurai de cesse
que sa justice ne paraisse dans la clarté,
et son salut comme une torche qui brûle.
Et les nations verront ta justice; tous les rois verront ta gloire.
On te nommera d'un nom nouveau
que la bouche du Seigneur dictera.
Tu seras une couronne brillante dans la main du Seigneur,
un diadème royal entre les doigts de ton Dieu.
On ne te dira plus : « Délaissée ! »
À ton pays, nul ne dira : « Désolation ! »
Toi, tu seras appelée « Ma Préférence »,
cette terre se nommera « L'Épousée ».
Car le Seigneur t'a préférée, et cette terre
deviendra « L'Épousée ».
Comme un jeune homme épouse une vierge,
ton Bâtisseur t'épousera.
Comme la jeune mariée fait la joie
de son mari, tu seras la joie de ton Dieu.

## Psaume 95

### *Racontez à tous les peuples les merveilles du Seigneur !*

Chantez au Seigneur un chant nouveau,
chantez au Seigneur, terre entière,
chantez au Seigneur et bénissez son nom !

De jour en jour, proclamez son salut,
racontez à tous les peuples sa gloire,
à toutes les nations ses merveilles !

Rendez au Seigneur, familles des peuples,
rendez au Seigneur, la gloire et la puissance,
rendez au Seigneur la gloire de son nom.

Adorez le Seigneur, éblouissant de sainteté.
Allez dire aux nations : « Le Seigneur est roi ! »
Il gouverne les peuples avec droiture.

# Deuxième lecture

## Tous les chrétiens sont-ils pareils ? Non, évidemment. Alors, qu'est-ce qui les rassemble ? Saint Paul donne son avis.

**Lecture de la première lettre de saint Paul apôtre aux Corinthiens**

Chapitre 12, versets 4 à 11

Frères, **les dons de la grâce** sont variés,
mais c'est le même Esprit.
Les services sont variés, mais c'est le même Seigneur.
Les activités sont variées, mais c'est le même Dieu
qui agit en tout et en tous. À chacun est donnée
la manifestation de l'Esprit en vue du bien.
À celui-ci est donnée, par l'Esprit, une parole de sagesse;
à un autre, une parole de connaissance, selon le même
Esprit; un autre reçoit, dans le même Esprit, un don de foi;
un autre encore, dans l'unique Esprit,
des dons de guérison; à un autre est donné d'opérer
des miracles, à un autre de prophétiser,
à un autre de discerner les inspirations;
à l'un, de parler diverses langues mystérieuses;
à l'autre, de les interpréter.
Mais celui qui agit en tout cela, c'est l'unique
et même Esprit : il distribue ses dons, comme il le veut,
à chacun en particulier.

• **les dons de la grâce :** les dons de la grâce, ce sont des qualités, des talents qui viennent de Dieu.

Découvre aussi l'évangile de ce dimanche en BD page 38.

# Évangile

**Écoutez cette histoire. C'est l'histoire d'une fête de mariage qui a failli rater. Mais Jésus transforme le repas de noces en un véritable festin.**

## Évangile de Jésus Christ selon saint Jean

Chapitre 2, versets 1 à 11

En ce temps-là, il y eut un mariage à Cana de Galilée. La mère de Jésus était là. Jésus aussi avait été invité au mariage avec ses disciples. Or, on manqua de vin.
La mère de Jésus lui dit : « Ils n'ont pas de vin. »
Jésus lui répond : « Femme, que me veux-tu ?
**Mon heure** n'est pas encore venue. »
Sa mère dit à ceux qui servaient :
« Tout ce qu'il vous dira, faites-le. »
Or, il y avait là six jarres de pierre pour
**les purifications rituelles** des Juifs ; chacune contenait deux à trois mesures (c'est-à-dire environ cent litres).
Jésus dit à ceux qui servaient : « Remplissez d'eau les jarres. »

- **Mon heure :** Jésus emploie l'expression « mon heure » pour parler du moment où il montrera à tous qu'il est le Fils de Dieu.
- **les purifications rituelles :** les purifications rituelles désignent le lavage du visage ou des mains que les Juifs religieux font avant de manger.
- **au maître du repas :** le maître du repas est le maître d'hôtel de l'époque. Il organise la fête et veille à ce que tout se passe bien.

Et ils les remplirent jusqu'au bord. Il leur dit :
« Maintenant, puisez, et portez-en **au maître du repas. »**
Ils lui en portèrent. Et celui-ci goûta l'eau changée en vin.
Il ne savait pas d'où venait ce vin, mais ceux qui servaient
le savaient bien, eux qui avaient puisé l'eau.
Alors le maître du repas appelle le marié et lui dit :
« Tout le monde sert le bon vin en premier et,
lorsque les gens ont bien bu, on apporte le moins bon.
Mais toi, tu as gardé le bon vin jusqu'à maintenant. »
Tel fut le commencement des signes que Jésus accomplit.
C'était à Cana de Galilée. Il manifesta sa gloire,
et ses disciples crurent en lui.

# Ton atelier de l'Évangile

**1** Une phrase de l'évangile s'est cachée ci-dessous.
*Barre tous les « ch » pour la retrouver et écris là ci-dessous.*

chchchchtchchchochchchchchuchtchchchchchch chchchchchcchchchechch
chchchchchchqchchchuchchchchchch'chchchchichchchchchchlchchch
chvchchchochchchchuchchchchchschch
chchdchchchichchchchchrchchachchchchch
chchchfchchchchachchchichchtchechchchschch-chchlchchchchechchchchch

..................................................................................................

*Réponse : Tout ce qu'il vous dira, faites-le.*

**2** À ton avis, que ressentent les personnages de cet évangile ? et toi ?
*Relie chacun des personnages avec l'émotion qui lui correspond.*

| | |
|---|---|
| | • Peur |
| Ceux qui servent • | • Confiance |
| Marie • | • Étonnement |
| Le maître du repas • | • Joie |
| Moi • | • Obéissance |

**3** Quels ingrédients utilises-tu pour mettre de la bonne humeur au cours d'un repas en famille ou entre amis ?

*Entoure dans la liste ce que tu aimes faire.*
*Tu peux aussi écrire ta propre réponse.*

- → Je demande des nouvelles de chacun.
- → Je fais des blagues.
- → Je raconte une bonne nouvelle de ma journée.
- → ..................................................
..................................................
..................................................

**4** Grâce à Jésus, la fête continue ! Comment te sens-tu quand tu fais confiance à Jésus ?

*Tu peux écrire ou dessiner ta réponse dans la jarre.*

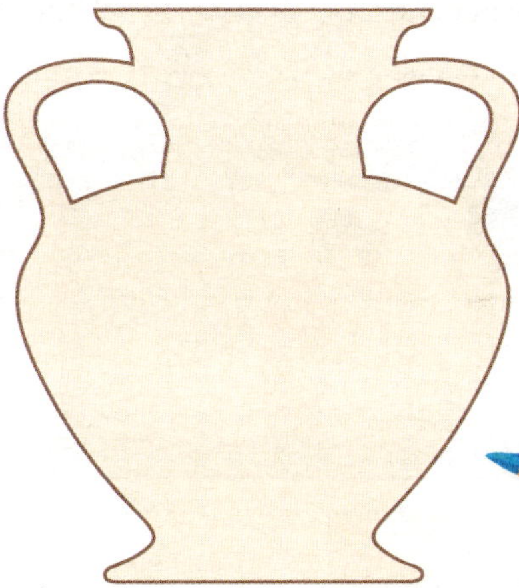

## Autrement dit

Imagine une fête avec tes amis où il n'y a plus ni jus de fruits ni gâteaux. Quel dommage ! Lors des noces de Cana, Jésus ne laisse pas les invités de la fête sans vin. Mais si Jésus accomplit ce miracle, ce n'est pas seulement pour faire plaisir. Ce geste de Jésus est un signe. C'est une manière, pour lui, de montrer qu'il n'est pas un homme comme un autre. Non, il est le Sauveur, le Messie, le Fils de Dieu. Comme il change l'eau en vin, ainsi vient-il donner de la joie. Sa Bonne Nouvelle est chemin de vie et de bonheur.

# Les noces de Cana

**Marie et Jésus assistent à un mariage. Mais il n'y a plus de vin… Jésus transforme alors l'eau en vin : c'est son premier miracle.**

Texte : Sophie Pelloux-Prayer d'après Jean 2, 1-11 (AELF). Illustrations : Stéphanie Rubini.

# Comme à Cana

Jésus,
avec toi, j'apprends à être
attentif à mes frères,
comme Marie lors des noces de Cana.
Aide-moi à regarder autour de moi,
donne-moi la confiance de Marie,
afin que je puisse à mon tour faire ta volonté.
Comme l'eau devenue vin à Cana,
que ta Parole devienne joie pour tous !
Ainsi soit-il.

# MA SEMAINE

## Lundi 20 janvier

Saint Sébastien

Je prie pour trois personnes qui ont besoin de soutien autour de moi.

## Mardi 21 janvier

Sainte Agnès

L'odeur que je préfère :

........................................

........................................

........................................

## Mercredi 22 janvier

Saint Vincent

Dans mon coin prière, j'écris ma citation préférée de la Bible.

## Jeudi 23 janvier

Saint Élie

Trois choses bien que j'ai faites aujourd'hui :

........................................

........................................

## Vendredi 24 janvier

Saint François de Sales

En cette fin de semaine, je me sens... plutôt :

- ☐ Fatigué de la semaine
- ☐ Heureux d'être en week-end

## Samedi 25 janvier

Conversion de saint Paul

Saint Paul a beaucoup voyagé pour annoncer la résurrection de Jésus. Le pays dans lequel je voudrais apporter la joie, c'est : ........................

## Dimanche 26 janvier

Sainte Paule

Je lis l'évangile de ce dimanche et je fais l'atelier (pages 46-49).
Dans ma prière, je demande à l'Esprit Saint de me guider :

........................................

........................................

# 3E DIMANCHE DU TEMPS ORDINAIRE

## Première lecture

**Presque cinq cents ans avant Jésus Christ, quand le peuple juif revient à Jérusalem, le Temple est détruit. Comment va-t-il adorer Dieu ?**

### Lecture du livre de Néhémie

Chapitre 8, versets 2 à 4a, 5 à 6, et 8 à 10

En ces jours-là, le prêtre **Esdras** apporta **le livre de la Loi** en présence de l'assemblée, composée des hommes, des femmes, et de tous les enfants en âge de comprendre.
C'était le premier jour du septième mois.
Esdras, tourné vers la place de la porte des Eaux,
fit la lecture dans le livre,
depuis le lever du jour jusqu'à midi,
en présence des hommes, des femmes,
et de tous les enfants en âge de comprendre :
tout le peuple écoutait la lecture de la Loi.
**Le scribe** Esdras se tenait sur une tribune de bois,
construite tout exprès. Esdras ouvrit le livre;

- **Esdras :** Esdras était un prêtre juif et un grand spécialiste du livre de la Loi.
- **le livre de la Loi :** le livre de la Loi regroupe les cinq premiers livres de la Bible (la Genèse, l'Exode, le Lévitique, les Nombres et le Deutéronome).
- **Le scribe :** le scribe était un spécialiste des livres saints des Juifs.

tout le peuple le voyait, car il dominait l'assemblée.
Quand il ouvrit le livre, tout le monde se mit debout.
Alors Esdras bénit le Seigneur, le Dieu très grand,
et tout le peuple, levant les mains, répondit :
« Amen ! Amen ! »
Puis ils s'inclinèrent et se prosternèrent devant le Seigneur,
le visage contre terre.
Esdras lisait un passage dans le livre de la loi de Dieu,
puis les Lévites traduisaient, donnaient le sens,
et l'on pouvait comprendre.
Néhémie le gouverneur, Esdras qui était prêtre et scribe,
et les Lévites qui donnaient les explications,
dirent à tout le peuple :
« Ce jour est consacré au Seigneur votre Dieu !
Ne prenez pas le deuil, ne pleurez pas ! »
Car ils pleuraient tous en entendant les paroles de la Loi.
Esdras leur dit encore :
« Allez, mangez des viandes savoureuses,
buvez des boissons aromatisées,
et envoyez une part à celui qui n'a rien de prêt.
Car ce jour est consacré à notre Dieu !
Ne vous affligez pas :
la joie du Seigneur est votre rempart ! »

## Psaume 18b

### *Tes paroles, Seigneur, sont esprit et elles sont vie.*

La loi du Seigneur est parfaite,
qui redonne vie;
la charte du Seigneur est sûre,
qui rend sages les simples.

Les préceptes du Seigneur sont droits,
ils réjouissent le cœur;
le commandement du Seigneur est limpide,
il clarifie le regard.

La crainte qu'il inspire est pure,
elle est là pour toujours;
les décisions du Seigneur sont justes
et vraiment équitables.

Accueille les paroles de ma bouche,
le murmure de mon cœur;
qu'ils parviennent devant toi,
Seigneur, mon rocher, mon défenseur!

# Deuxième lecture

## Saint Paul compare les chrétiens aux membres d'un même corps, tous différents, tous importants.

### Lecture de la première lettre de saint Paul apôtre aux Corinthiens

Chapitre 12, versets 12 à 14, et verset 27 (lecture brève)

Frères, prenons une comparaison :
le corps ne fait qu'un, il a pourtant plusieurs membres;
et tous les membres, malgré leur nombre,
ne forment qu'un seul corps. Il en est ainsi pour le Christ.
C'est dans un unique **Esprit,** en effet, que nous tous,
Juifs ou **païens,** esclaves ou hommes libres,
nous avons été baptisés pour former un seul corps.
Tous, nous avons été **désaltérés** par un unique Esprit.
Le corps humain se compose non pas d'un seul,
mais de plusieurs membres.
Or, vous êtes corps du Christ et, chacun pour votre part,
vous êtes membres de ce corps.

- **Esprit :** l'esprit est le souffle de Dieu, sa présence invisible, sa force de vie.
- **païens :** à l'époque de Jésus, les païens sont toutes les personnes qui ne sont pas de religion juive.
- **désaltérés :** être désaltéré, c'est ne plus avoir soif.

# Évangile

**Voici le début de l'évangile de Luc.
Il est écrit pour Théophile. Ce nom veut dire « ami de Dieu »... C'est un peu chacun de nous.**

## Évangile de Jésus Christ selon saint Luc

Chapitre 1, versets 1 à 4, et chapitre 4, versets 14 à 21

Beaucoup ont entrepris de composer un récit
des événements qui se sont accomplis parmi nous,
d'après ce que nous ont transmis ceux qui,
dès le commencement, furent **témoins oculaires**
et serviteurs de la Parole.
C'est pourquoi j'ai décidé, moi aussi, après avoir recueilli
avec précision des informations concernant
tout ce qui s'est passé depuis le début, d'écrire pour toi,
excellent Théophile, un exposé suivi,
afin que tu te rendes bien compte de la solidité
des enseignements que tu as entendus.
En ce temps-là, lorsque Jésus, dans la puissance de l'Esprit,
revint en Galilée, sa renommée se répandit dans toute
la région. Il enseignait dans les synagogues, et tout le monde
faisait son éloge. Il vint à Nazareth, où il avait été élevé.

- **témoins oculaires :** le témoin oculaire, c'est quelqu'un qui a vu un événement de ses propres yeux.
- **du sabbat :** le sabbat est le jour de la semaine que les Juifs réservent à Dieu, le samedi. C'est un jour pour prier Dieu et se reposer.
- **l'Écriture :** l'Écriture, ce sont les livres saints des Juifs, que nous appelons l'Ancien Testament.

Selon son habitude, il entra dans la synagogue le jour **du sabbat,** et il se leva pour faire la lecture.
On lui remit le livre du prophète Isaïe. Il ouvrit le livre et trouva le passage où il est écrit : *L'Esprit du Seigneur est sur moi parce que le Seigneur m'a consacré par l'onction. Il m'a envoyé porter la Bonne Nouvelle aux pauvres, annoncer aux captifs leur libération, et aux aveugles qu'ils retrouveront la vue, remettre en liberté les opprimés, annoncer une année favorable accordée par le Seigneur.*
Jésus referma le livre, le rendit au servant et s'assit.
Tous, dans la synagogue, avaient les yeux fixés sur lui.
Alors il se mit à leur dire : « Aujourd'hui s'accomplit ce passage de **l'Écriture** que vous venez d'entendre ».

# Ton atelier de l'Évangile

**1** Il y a des mots compliqués dans cet évangile…
Pour les comprendre, retrouve la bonne définition.
*Relie chaque mot avec sa définition.*

| | |
|---|---|
| Sabbat a. | 1. Lieu où enseigne Jésus |
| La Bonne Nouvelle b. | 2. Prophète dont Jésus lit un passage |
| Synagogue c. | 3. Jour saint chez les Juifs |
| Isaïe d. | 4. Ce qu'annonce Jésus |

Réponses : a-3; b-4; c-1; d-2.

**2** Jésus a besoin de toi pour que s'accomplisse l'Évangile.
Quel défi relèveras-tu cette semaine avec Jésus ?
*Coche la case du défi que tu choisis ou écris le tien.*

- ☐ Parler de Jésus à un copain qui ne le connaît pas.
- ☐ Passer du temps avec quelqu'un de seul.
- ☐ Apaiser une dispute dans la cour ou avec tes frères et sœurs.
- ☐ Rendre service à une personne âgée.
- ☐ ……………………………………………………………

**3** Depuis des siècles, des témoins joyeux de la Bonne Nouvelle nous aident à croire.

*Fais une recherche avec tes parents sur les témoins suivants et complète le tableau. Tu peux ajouter un saint que tu aimerais mieux connaître.*

| | Carlo Acutis | Mère Teresa | Le groupe Hopen | Charles de Foucauld | .................... |
|---|---|---|---|---|---|
| Son pays | | | | | |
| Le siècle où il a vécu | | | | | |
| Comment il a témoigné | | | | | |

**4** L'Évangile, c'est la bonne nouvelle que Jésus nous apporte.

*Choisis une parole de la Bible et écris-la sur le rouleau. Tu peux aussi en profiter pour faire le bricolage du poster.*

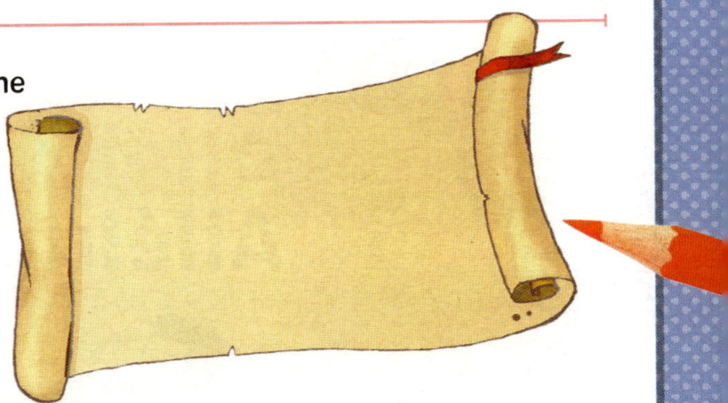

## Autrement dit

Jésus vient réaliser les paroles du prophète Isaïe. Qu'est-ce que cela veut dire ? Les prophètes étaient des hommes inspirés par Dieu. Ils rappelaient sans cesse à leur peuple combien il est important d'aimer Dieu et son prochain. Ils annonçaient aussi la venue d'un Messie, qui viendrait porter la Bonne Nouvelle aux pauvres et libérer les opprimés. Ce Sauveur, c'est Jésus. Il est le Messie, il annonce la Bonne Nouvelle, guérit les malades, redonne de l'espoir, apporte de la joie. Il nous promet la vie éternelle, la vie avec lui pour toujours.

Les prières de la messe

# Nous acclamons l'Évangile

L'Évangile, c'est la Bonne Nouvelle que Jésus est venu nous apporter, par sa vie, ses paroles et ses actes. Cette Bonne Nouvelle se lit dans l'Évangéliaire, le livre de l'Évangile. Le diacre ou le prêtre montre ce livre à l'assemblée en le portant en hauteur. Pendant ce temps-là, nous chantons :

**Alléluia !**
**Alléluia !**

## UNE ACCLAMATION

Le mot « alléluia » vient de l'hébreu et veut dire « louez le Seigneur ». En le chantant tous ensemble, nous exprimons notre attente – presque notre impatience – et notre joie d'entendre la Bonne Nouvelle de Jésus. C'est une acclamation de l'Évangile.

**La prochaine fois que tu vas à la messe, au moment de l'acclamation de l'Évangile, chante de tout ton cœur : « Alléluia ! Alléluia ! »**

## TROIS SIGNES DE CROIX

Entre le chant de l'Alléluia et la lecture de l'Évangile, chacun trace trois croix sur soi :

**une croix sur son front :** les paroles du Christ entrent dans notre tête ;

**une croix sur sa bouche :** les paroles du Christ seront transmises aux autres par nos paroles ;

**une croix sur son cœur :** les paroles du Christ habitent notre cœur et changent notre vie.

Texte : Patricia Metzger. Illustrations : Sandrine Martin.

# Alléluia !

Alléluia,
Jésus, je me sens vivant avec toi.
J'ai ma tête pour penser à toi,
mes yeux pour te regarder,
ma bouche pour te louer,
mes mains pour te prier,
mes pieds pour te suivre,
mon cœur pour t'aimer.
Alléluia,
tu es toujours à mes côtés.

# MA SEMAINE

## Lundi 27 janvier

Sainte Angèle Mérici

Qui ai-je fait rire aujourd'hui ?

........................................

........................................

........................................

## Mardi 28 janvier

Saint Thomas d'Aquin

Mon Dieu, envoie-moi ton Esprit, pour m'aider à : ........................

........................................

........................................

## Mercredi 29 janvier

Saint Sulpice

Cette semaine, j'ai hâte de voir :

........................................

........................................

........................................

## Jeudi 30 janvier

Sainte Martine

Je confie un secret à Marie, la maman de Jésus.

## Vendredi 31 janvier

Sainte Marcelle

Mon bonbon préféré :

........................................

........................................

........................................

## Samedi 1er février

Sainte Ella

En février, j'aime :

- ☐ La neige
- ☐ Les chocolats chauds
- ☐ Les vacances

## Dimanche 2 février

Saint Jean-Théophane

Je lis l'évangile de ce dimanche et je fais l'atelier (pages 57-61). À qui puis-je annoncer la Bonne Nouvelle de Jésus ? ........................

........................................

# PRÉSENTATION DU SEIGNEUR AU TEMPLE

## Première lecture

**Le livre de Malachie a été écrit par un inconnu cinq siècles avant Jésus Christ.
Il nous invite à préparer notre cœur avant de nous présenter devant Dieu.**

### Lecture du livre du prophète Malachie

Chapitre 3, versets 1 à 4

Ainsi parle le Seigneur Dieu : Voici que j'envoie mon messager pour qu'il prépare le chemin devant moi; et soudain viendra dans son Temple le Seigneur que vous cherchez. Le messager de **l'Alliance** que vous désirez, le voici qui vient – dit le Seigneur de l'univers. Qui pourra soutenir le jour de sa venue ? Qui pourra rester debout lorsqu'il se montrera ? Car il est pareil au feu du fondeur, pareil à la lessive des blanchisseurs. Il s'installera pour fondre et **purifier :** il purifiera les fils de Lévi, il les affinera comme l'or et l'argent; ainsi pourront-ils, aux yeux du Seigneur, présenter l'offrande en toute justice. Alors, l'offrande de **Juda** et de Jérusalem sera bien accueillie du Seigneur, comme il en fut aux jours anciens, dans les années d'autrefois.

- **l'Alliance :** l'Alliance est le pacte d'amitié que Dieu a conclu avec le peuple d'Israël. Il lui promet de ne jamais l'abandonner.
- **purifier :** purifier quelque chose, c'est le rendre propre, sans défaut.
- **Juda :** Juda est le nom du peuple d'Israël à l'époque de Malachie.

## Psaume 23

***C'est le Seigneur, Dieu de l'univers ;***
***c'est lui, le roi de gloire.***

Portes, levez vos frontons,
élevez-vous, portes éternelles :
qu'il entre, le roi de gloire !

Qui est ce roi de gloire ?
C'est le Seigneur, le fort, le vaillant,
le Seigneur, le vaillant des combats.

Portes, levez vos frontons,
levez-les, portes éternelles :
qu'il entre, le roi de gloire !

Qui donc est ce roi de gloire ?
C'est le Seigneur, Dieu de l'univers;
c'est lui, le roi de gloire.

Illustration : Rémi Saillard.

# Deuxième lecture

**Jésus est devenu homme, pleinement homme, pour conduire l'humanité vers Dieu.**

## Lecture de la lettre aux Hébreux

Chapitre 2, versets 14 à 18

Puisque les enfants des hommes ont en commun
le sang et la chair, Jésus a partagé, lui aussi,
pareille condition : ainsi, par sa mort, il a pu
réduire à l'impuissance celui qui possédait
le pouvoir de la mort, c'est-à-dire le diable,
et il a rendu libres tous ceux qui, par crainte de la mort,
passaient toute leur vie dans une situation d'esclaves.
Car ceux qu'il prend en charge, ce ne sont pas les anges,
c'est la descendance d'Abraham.
Il lui fallait donc se rendre en tout semblable à ses frères,
pour devenir un grand prêtre miséricordieux
et digne de foi pour les relations avec Dieu,
afin d'enlever les péchés du peuple.
Et parce qu'il a souffert jusqu'au bout
l'épreuve de sa Passion, il est capable
de porter secours à ceux qui subissent une épreuve.

# Évangile

**En voyant l'enfant Jésus porté par ses parents, Syméon est le premier à reconnaître en lui celui qui sera la « lumière pour éclairer les nations ».**

## Évangile de Jésus Christ selon saint Luc

Chapitre 2, versets 22 à 40

Quand fut accompli le temps prescrit par la loi de Moïse
pour la purification, les parents de Jésus
l'amenèrent à Jérusalem pour le présenter au Seigneur,
selon ce qui est écrit dans la Loi : *Tout premier-né*
*de sexe masculin sera consacré au Seigneur.*
Ils venaient aussi offrir le sacrifice prescrit par la loi
du Seigneur : *un couple de tourterelles ou deux petites colombes.*
Or, il y avait à Jérusalem un homme appelé Syméon.
C'était un homme juste et religieux,
qui attendait **la Consolation d'Israël,** et **l'Esprit Saint**
était sur lui. Il avait reçu de l'Esprit Saint l'annonce
qu'il ne verrait pas la mort avant d'avoir vu le Christ,

- **la Consolation d'Israël :** la Consolation d'Israël, c'est l'envoyé de Dieu que beaucoup de Juifs attendaient pour faire régner la paix et la justice. On ne savait pas très bien si ce serait un roi ou un homme simple. Syméon reconnaît que Jésus est l'envoyé de Dieu, le Messie.
- **l'Esprit Saint :** c'est l'amour qui unit en Dieu le Père et le Fils. C'est le don de Dieu aux hommes.

**le Messie** du Seigneur. Sous l'action de l'Esprit,
Syméon vint au Temple. Au moment où les parents
présentaient l'enfant Jésus pour se conformer
au rite de la Loi qui le concernait,
Syméon reçut l'enfant dans ses bras,
et il bénit Dieu en disant : « Maintenant, ô Maître souverain,
tu peux laisser ton serviteur s'en aller en paix, selon ta parole.
Car mes yeux ont vu le salut que tu préparais
à la face des peuples : lumière qui se révèle aux nations
et donne gloire à ton peuple Israël. »
Le père et la mère de l'enfant s'étonnaient de ce qui était
dit de lui. Syméon les bénit, puis il dit à Marie sa mère :
« Voici que cet enfant provoquera la chute
et le relèvement de beaucoup en Israël. Il sera
un signe de contradiction – et toi, ton âme sera traversée
d'un glaive – : ainsi seront dévoilées les pensées
qui viennent du cœur d'un grand nombre. »
Il y avait aussi une femme prophète, Anne, fille de Phanuel,
de la tribu d'Aser. Elle était très avancée en âge ;
après sept ans de mariage, demeurée veuve, elle était
arrivée à l'âge de 84 ans. Elle ne s'éloignait pas du Temple,
servant Dieu jour et nuit dans le jeûne et la prière.
Survenant à cette heure même, elle proclamait
les louanges de Dieu et parlait de l'enfant
à tous ceux qui attendaient la délivrance de Jérusalem.
Lorsqu'ils eurent achevé tout ce que prescrivait la loi
du Seigneur, ils retournèrent en Galilée, dans leur ville
de Nazareth. L'enfant, lui, grandissait et se fortifiait,
rempli de sagesse, et la grâce de Dieu était sur lui.

• **le Messie :** le Messie est quelqu'un qui est choisi par Dieu et envoyé pour une mission.

Illustration : Marcelino Truong.

# Ton atelier de l'Évangile

**1** L'évangile d'aujourd'hui annonce ce que Jésus sera pour les peuples du monde entier. Quel mot utilise Syméon ?

| | | | | | |
|---|---|---|---|---|---|
| J | L | U | M | P | S |
| M | E | I | E | A | Y |
| L | A | S | R | I | M |
| O | E | R | U | X | E |
| I | ~~C~~ | ~~E~~ | I | S | O |
| G | R | A | C | E | N |

*Barre les mots suivants dans la grille ci-contre, comme dans l'exemple. Puis colorie les cases des lettres non barrées pour retrouver le mot que Syméon utilise pour parler de Jésus.*

~~CE~~
LOI
SYMÉON
GRÂCE
MARIE
JÉSUS
PAIX

*Réponse : Lumière.*

**2** À ton avis, que ressent Syméon quand il accueille Jésus dans ses bras ?

*Colorie la (ou les) tourterelle qui correspond le plus à ton choix.*

JOIE

PAIX

PEUR

AMOUR

**3** Syméon a attendu longtemps avant de voir Jésus !
Et toi, quand on te promet une surprise, as-tu la patience d'attendre ?

*Dessine l'aiguille de ce cadran pour indiquer ton degré de patience.*

---

**4** Cet évangile nous rappelle que Dieu tient ses promesses.
*Pour t'aider à t'en souvenir, tu peux finir de compléter les lettres puis lire la phrase à voix haute.*

## Autrement dit

Les promesses de Dieu se réalisent toujours, même s'il faut parfois attendre… Le vieux Syméon a attendu longtemps avant de voir Jésus le Sauveur. Devant Marie et Joseph, il proclame que leur bébé est la lumière envoyée pour le salut du monde. Marie et Joseph s'étonnent de ses paroles. Jésus n'est pas un enfant comme les autres. Il est le Fils de Dieu, venu pour sauver les hommes.

# Laure est religieuse

« Je m'appelle sœur Laure. Je suis religieuse depuis plus de dix ans. Je vis à Castres (31), je travaille dans un collège et je voyage beaucoup. »

Laure était dans l'armée avant de devenir religieuse.

## RELIGIEUSE À 30 ANS

**J'ai vécu une rencontre avec Dieu à 20 ans,** en Pologne, à Czestochowa. Cette expérience a changé ma vie. Je me suis dit : « Ça doit être magnifique de donner sa vie à Dieu ». J'ai réfléchi longtemps, j'ai travaillé dans l'armée pendant dix ans. Finalement, à l'âge de 30 ans, je suis rentrée dans la congrégation des Sœurs de l'Immaculée Conception.

## PRIÈRE ET TRAVAIL

**Concrètement, la journée d'une religieuse, c'est de passer assez de temps avec Dieu.** Le matin, je prie seule et avec les sœurs de ma maison. Après le petit-déjeuner, nous partons travailler. Je suis coach dans un collège : j'aide les élèves à être plus solidaires les uns des autres, à se respecter malgré les différences, à ne pas se sentir isolés… Et je m'occupe aussi du catéchisme.

Laure travaille aujourd'hui dans un collège.

Laure a aussi vécu au Brésil.

## JE VOYAGE BEAUCOUP

**J'ai aussi la chance de parcourir le monde.** J'ai vécu plusieurs années au Brésil auprès d'enfants des bidonvilles. Aujourd'hui, j'accompagne des religieuses dans plein de pays différents. Je leur donne des formations à Paris, à Strasbourg, en Espagne, en Italie, et jusqu'en Afrique ! Moi qui, petite, voulais quitter les Pyrénées, où je suis née, pour voyager, je me sens très chanceuse !

Propos recueillis par Anne-Quitterie Jozeau. Photos : DR.

# MA SEMAINE

## Lundi 3 février

Saint Blaise de Sébaste

En cuisine, je suis le champion de :

..............................................................

..............................................................

## Mardi 4 février

Sainte Véronique

Je repense à ma journée.
Jésus, je te dis merci pour :

..............................................................

..............................................................

## Mercredi 5 février

Sainte Agathe de Catane

Je dessine un arc-en-ciel si je vais bien, des nuages si cela va moins bien.

## Jeudi 6 février

Saint Gaston

Ce que je fais en dehors de l'école :

..............................................................

..............................................................

..............................................................

## Vendredi 7 février

Bienheureuse Eugénie Smet

Ma technique pour me calmer quand je suis énervé :

..............................................................

..............................................................

## Samedi 8 février

Sainte Joséphine Bakhita

Une chanson que j'aimerais apprendre : ..............................

..............................................................

..............................................................

## Dimanche 9 février

Sainte Apolline

Je lis l'évangile de ce dimanche et je fais l'atelier (pages 68-71).
Quand et où est-ce que j'écoute la parole du Seigneur ?

..............................................................

..............................................................

# 5E DIMANCHE DU TEMPS ORDINAIRE

## Première lecture

**Isaïe raconte ici avec beaucoup d'images extraordinaires comment Dieu l'a appelé à être un prophète.**

### Lecture du livre du prophète Isaïe

Chapitre 6, versets 1 à 2a, et versets 3 à 8

L'année de la mort du roi Ozias, je vis le Seigneur qui siégeait sur un trône très élevé; les pans de son manteau remplissaient le Temple. **Des séraphins** se tenaient au-dessus de lui. Ils se criaient l'un à l'autre: « Saint! Saint! Saint, le Seigneur de l'univers! Toute la terre est remplie de sa gloire. » Les pivots des portes se mirent à trembler à la voix de celui qui criait, et le Temple se remplissait de fumée. Je dis alors: « Malheur à moi! je suis perdu, car je suis un homme aux lèvres impures, j'habite au milieu d'un peuple aux lèvres impures: et mes yeux ont vu le Roi, le Seigneur de l'univers! » L'un des séraphins vola vers moi, tenant un charbon brûlant qu'il avait pris avec des pinces sur l'autel. Il l'approcha de ma bouche et dit: « Ceci a touché tes lèvres, et maintenant ta faute est enlevée, ton péché est pardonné. » J'entendis alors la voix du Seigneur qui disait: « Qui enverrai-je? qui sera notre messager? » Et j'ai répondu: « Me voici: envoie-moi! »

• **Des séraphins:** « séraphin » vient d'un mot hébreu qui veut dire « les brûlants ». Les séraphins sont des êtres mystérieux que le prophète Isaïe décrit comme des anges avec six ailes.

## Psaume 137

### *Je te chante, Seigneur, en présence des anges.*

De tout mon cœur, Seigneur, je te rends grâce :
tu as entendu les paroles de ma bouche.
Je te chante en présence des anges,
vers ton temple sacré, je me prosterne.

Je rends grâce à ton nom pour ton amour et ta vérité,
car tu élèves, au-dessus de tout, ton nom et ta parole.
Le jour où tu répondis à mon appel,
tu fis grandir en mon âme la force.

Tous les rois de la terre te rendent grâce
quand ils entendent les paroles de ta bouche.
Ils chantent les chemins du Seigneur :
« Qu'elle est grande, la gloire du Seigneur ! »

Ta droite me rend vainqueur.
Le Seigneur fait tout pour moi !
Seigneur, éternel est ton amour :
n'arrête pas l'œuvre de tes mains.

# Deuxième lecture

## Jésus Christ est ressuscité et il a rejoint son Père ; voilà ce en quoi nous croyons.

### Lecture de la première lettre de saint Paul apôtre aux Corinthiens

Chapitre 15, versets 3 à 8, et verset 11 (lecture brève)

Avant tout, je vous ai transmis ceci, que j'ai moi-même reçu : le Christ est mort pour nos péchés
conformément aux Écritures, et il fut mis au tombeau ;
il est ressuscité le troisième jour conformément aux Écritures,
il est apparu à Pierre, puis aux Douze ;
ensuite il est apparu à plus de cinq cents frères à la fois
– la plupart sont encore vivants, et quelques-uns sont endormis dans la mort –, ensuite il est apparu à Jacques,
puis à tous les Apôtres. Et en tout dernier lieu,
il est même apparu à l'avorton que je suis.
Bref, qu'il s'agisse de moi ou des autres,
voilà ce que nous proclamons, voilà ce que vous croyez.

# Évangile

**Voici comment Jésus a confié à Pierre la mission de faire connaître la parole de Dieu. C'est un peu la naissance de l'Église.**

## Évangile de Jésus Christ selon saint Luc

Chapitre 5, versets 1 à 11

En ce temps-là, la foule se pressait autour de Jésus pour écouter la parole de Dieu, tandis qu'il se tenait au bord **du lac de Génésareth.** Il vit deux barques qui se trouvaient au bord du lac; les pêcheurs en étaient descendus et lavaient leurs filets. Jésus monta dans une des barques qui appartenait à **Simon,** et lui demanda de s'écarter un peu du rivage. Puis il s'assit et, de la barque, il enseignait les foules. Quand il eut fini de parler, il dit à Simon : « Avance au large, et jetez vos filets pour la pêche. » Simon lui répondit : « Maître, nous avons peiné toute la nuit sans rien prendre; mais, sur ta parole, je vais jeter les filets. » Et l'ayant fait, ils capturèrent

- **du lac de Génésareth :** le lac de Génésareth est aussi appelé lac de Tibériade ou mer de Galilée, car c'est un très grand lac.
- **Simon :** Simon était un pêcheur qui vivait à Capharnaüm. Jésus l'a appelé à devenir son apôtre, puis il lui a confié le groupe des disciples en lui disant : « Tu es Pierre, et sur cette pierre je bâtirai mon Église. » C'est pourquoi on l'appelle aussi Simon-Pierre.
- **pécheur :** un pécheur est quelqu'un qui a commis des péchés, qui s'est détourné de l'amour de Dieu. À ne pas confondre avec un pêcheur de poissons !

une telle quantité de poissons que leurs filets allaient se déchirer. Ils firent signe à leurs compagnons de l'autre barque de venir les aider. Ceux-ci vinrent, et ils remplirent les deux barques, à tel point qu'elles enfonçaient. À cette vue, Simon-Pierre tomba aux genoux de Jésus, en disant : « Éloigne-toi de moi, Seigneur, car je suis un homme **pécheur. »** En effet, un grand effroi l'avait saisi, lui et tous ceux qui étaient avec lui, devant la quantité de poissons qu'ils avaient pêchés; et de même Jacques et Jean, fils de Zébédée, les associés de Simon. Jésus dit à Simon : « Sois sans crainte, désormais ce sont des hommes que tu prendras. » Alors ils ramenèrent les barques au rivage et, laissant tout, ils le suivirent.

Illustration : Marcelino Truong.

# Ton atelier de l'Évangile

**1** Dans cet évangile, Jésus monte dans un endroit original pour enseigner aux foules. Lequel ?

*Barre les dessins qui ne correspondent pas à l'évangile.*

**2** Imagine que tu es Simon.
Quels sont tes sentiments quand tu entends Jésus dire :
« Avance au large, et jetez vos filets pour la pêche. » ?

*Relie « Je suis » par un trait jusqu'aux réponses qui te correspondent le plus.*

Je suis

- méfiant, car je n'ai rien pêché de toute la nuit !
- confiant, car Jésus ne m'a jamais trompé.
- rempli de courage, car Jésus me donne la force d'y croire !
- étonné qu'il puisse savoir qu'il y aurait des poissons au large.

**3** Comme les disciples, nous sommes parfois découragés quand nous n'arrivons pas à obtenir un résultat.
Dans quel domaine as-tu déjà ressenti du découragement ?

*Entoure la réponse qui te correspond.*
*Tu peux aussi compléter avec la réponse de ton choix.*

Quand je cuisine

À l'école

Quand je jardine

Quand je fais du sport

Quand je joue

..................................................

Ressens-tu l'aide de Jésus quand tu la lui demandes avec confiance ?

*Ta réponse :* ..........................................................................................

**4**

La prochaine fois que tu seras découragé, allume une bougie, imagine que Jésus est à côté de toi et qu'il pose sa main sur ton épaule. Écoute-le dans ton cœur te dire : « Avance. »

*Pour t'en souvenir, dessine la flamme de la bougie et écris « AVANCE » sur le petit papier qui est à côté de la bougie.*

## Autrement dit

Pour parler aux hommes, ce que Dieu préfère, ce sont les autres hommes ! Pas des héros ni des champions, mais des croyants qui accueillent son Esprit. Exemple : Paul, l'ennemi des chrétiens devenu un grand Apôtre. Ou encore Pierre, spécialiste des poissons et des filets, que Jésus tourne désormais vers les hommes. Et nous, les chrétiens, Jésus nous appelle aussi à l'aimer et à le faire connaître.

# La pêche miraculeuse

**Un jour, Simon, Jacques et Jean décident de tout quitter pour suivre Jésus. Cela arrive juste après une pêche miraculeuse…**

Texte : Sophie Pelloux-Prayer d'après Luc 5, 1-11 (AELF). Illustrations : Stéphanie Rubini.

# MA SEMAINE

## Lundi 10 février

Bienheureux Arnaud

Aujourd'hui, je prie pour mon parrain et ma marraine.

...........................................................

...........................................................

## Mardi 11 février

Notre-Dame de Lourdes

Je cherche l'histoire de Bernadette Soubirous.

## Mercredi 12 février

Bienheureuse Ombeline

C'est quoi, le truc le plus cool de ma semaine ? ..............................

...........................................................

...........................................................

## Jeudi 13 février

Saint Gilbert

Si j'avais un pouvoir magique, ça serait : ..............................

...........................................................

...........................................................

## Vendredi 14 février

Saint Valentin

Je souhaite bonne fête aux amoureux que je connais.

## Samedi 15 février

Saint Claude La Colombière

Mon humeur du jour :

## Dimanche 16 février

Sainte Julienne de Nicomédie

Je lis l'évangile de ce dimanche et je fais l'atelier (pages 78-81). Je recopie ci-dessous la phrase de Jésus que je préfère.

...........................................................

...........................................................

# 6E DIMANCHE DU TEMPS ORDINAIRE



## Première lecture

**Il y a deux manières de vivre : en comptant sur Dieu ou en ne comptant pas sur lui. L'une des deux seulement rend heureux.**

**Lecture du livre du prophète Jérémie**

Chapitre 17, versets 5 à 8

Ainsi parle le Seigneur : **Maudit** soit l'homme
qui met sa foi dans un mortel, qui s'appuie sur **un être de chair,** tandis que son cœur se détourne du Seigneur.
Il sera comme un buisson sur une terre désolée,
il ne verra pas venir le bonheur. Il aura pour demeure
les lieux arides du désert, une terre salée, inhabitable.
**Béni** soit l'homme qui met sa foi dans le Seigneur,
dont le Seigneur est la confiance. Il sera comme un arbre,
planté près des eaux, qui pousse, vers le courant,
ses racines. Il ne craint pas quand vient la chaleur :
son feuillage reste vert. L'année de la sécheresse,
il est sans inquiétude : il ne manque pas de porter du fruit.

- **Maudit :** maudit, ici, cela veut dire malheureux.
- **un être de chair :** un être de chair, c'est quelqu'un qui n'est pas parfait, quelqu'un comme nous.
- **Béni :** béni, ici, cela veut dire heureux.

# Psaume 1

## *Heureux est l'homme qui met sa foi dans le Seigneur.*

Heureux est l'homme qui n'entre pas au conseil des méchants,
qui ne suit pas le chemin des pécheurs,
ne siège pas avec ceux qui ricanent,
mais se plaît dans la loi du Seigneur
et murmure sa loi jour et nuit !

Il est comme un arbre planté près d'un ruisseau,
qui donne du fruit en son temps,
et jamais son feuillage ne meurt;
tout ce qu'il entreprend réussira.
Tel n'est pas le sort des méchants.

Mais ils sont comme la paille balayée par le vent.
Le Seigneur connaît le chemin des justes,
mais le chemin des méchants se perdra.

## Deuxième lecture

**Parmi les premiers chrétiens, certains refusaient de croire qu'ils ressusciteraient. Saint Paul leur répond.**

**Lecture de la première lettre de saint Paul apôtre aux Corinthiens**

Chapitre 15, verset 12 et versets 16 à 20

Frères, nous proclamons que **le Christ**
est ressuscité d'entre les morts;
alors, comment certains d'entre vous peuvent-ils affirmer
qu'il n'y a pas de résurrection des morts?
Car si les morts ne ressuscitent pas,
le Christ non plus n'est pas ressuscité.
Et si le Christ n'est pas ressuscité, votre foi est sans valeur,
vous êtes encore sous l'emprise de vos péchés;
et donc, ceux qui se sont endormis dans le Christ sont perdus.
Si nous avons mis notre espoir dans le Christ
pour cette vie seulement, nous sommes
les plus à plaindre de tous les hommes.
Mais non! le Christ est ressuscité d'entre les morts, lui,
premier ressuscité parmi ceux qui se sont endormis.

• **le Christ:** Christ est la traduction grecque du mot hébreu « Messie », qui signifie « frotté avec de l'huile ».
Dans la Bible, le Messie est l'élu de Dieu qui doit guider le peuple.
Pour les chrétiens, Jésus est le Christ.

# Évangile

**Le bonheur est pour tout de suite… si nous savons le saisir au vol. Mais, avec Jésus, le bonheur, c'est le monde à l'envers !**

## Évangile de Jésus Christ selon saint Luc

Chapitre 6, versets 17 et versets 20 à 26

En ce temps-là, Jésus descendit de la montagne avec les Douze et s'arrêta sur un terrain plat. Il y avait là un grand nombre de ses disciples, et une grande multitude de gens venus de toute la Judée, de Jérusalem, et du littoral de Tyr et de Sidon. Et Jésus, levant les yeux sur ses disciples, déclara : « Heureux, vous les pauvres, car le royaume de Dieu est à vous. Heureux, vous qui avez faim maintenant, car vous serez rassasiés. Heureux, vous qui pleurez maintenant, car vous rirez. Heureux êtes-vous quand les hommes vous haïssent et vous excluent, quand ils insultent et rejettent votre nom comme méprisable, à cause **du Fils de l'homme.**

- **du Fils de l'homme :** Jésus emploie plusieurs fois cette expression mystérieuse pour parler de lui. Elle annonce la venue d'un homme choisi par Dieu qui fera naître un monde nouveau.
- **les prophètes :** un prophète est une personne qui entend la parole de Dieu et qui la rappelle sans cesse aux gens. Les prophètes ont souvent été maltraités.

Ce jour-là, réjouissez-vous, tressaillez de joie,
car alors votre récompense est grande dans le ciel;
c'est ainsi, en effet, que leurs pères
traitaient **les prophètes.**
Mais quel malheur pour vous, les riches,
car vous avez votre consolation !
Quel malheur pour vous qui êtes repus maintenant,
car vous aurez faim ! Quel malheur pour vous qui riez
maintenant, car vous serez dans le deuil et vous pleurerez !
Quel malheur pour vous lorsque tous les hommes
disent du bien de vous ! C'est ainsi, en effet,
que leurs pères traitaient les faux prophètes. »

Illustration : Marcelino Truong

# Ton atelier de l'Évangile

**1**

| | | | |
|---|---|---|---|
| H | A | I | X |
| B | E | U | T |
| A | S | R | U |
| L | Y | D | E |

Quel est le mot le plus utilisé par Jésus dans l'évangile d'aujourd'hui ?

*Trouve-le en partant de la lettre H, et en suivant les indications des flèches.*

*Réponse : Heureux.*

**2** Voici quelques promesses de Jésus, mais elles ont été mélangées !

*Peux-tu les relier entre elles par un trait pour retrouver les vraies phrases de Jésus ?*

Heureux, vous qui avez faim maintenant, A •

Heureux, vous qui pleurez maintenant, B •

Heureux êtes-vous quand les hommes vous insultent, C •

• 1 car votre récompense est grande dans le ciel.

• 2 car vous serez rassasiés.

• 3 car vous rirez.

*Réponse : A-2, B-3, C-1.*

*Que penses-tu de ces phrases ?*
*Complète ta réponse avec ce que tu ressens.*

Pour moi, elles sont ..................................................

..................................................................................

**3** Quand on est triste, on a besoin de retrouver de la joie.

*Remets les lettres d'aplomb pour savoir ce que nous dit Jésus dans l'évangile d'aujourd'hui quand nous sommes tristes.*

..........................................................................................

*Réponse : Réjouissez-vous.*

**4** Jésus veut que nous prenions soin de ceux qui pleurent. Cette semaine, tu pourras essayer d'aller consoler quelqu'un qui est triste.

*Pour t'en souvenir, dessine sur chaque visage un sourire !*

## Autrement dit

Les Béatitudes nous rappellent combien écouter Jésus et vivre ce qu'il annonce conduit l'homme au bonheur et à la vie. Jésus commence son enseignement par des promesses de bonheur. Mais en même temps, il rappelle aussi que ceux qui s'attachent trop à ce qu'ils ont et pas assez à la parole de Dieu s'éloignent du bonheur du Royaume.

# Je prie avec les psaumes

• Au caté, des religieuses nous ont fait découvrir une partie de la Bible : les psaumes. Il y en a 150. Toutes les émotions que nous pouvons ressentir dans notre cœur sont décrites dans les psaumes, alors ils nous aident vraiment à prier. Les religieuses prient avec les psaumes plusieurs fois par jour.

• Les juifs et les chrétiens prient avec les psaumes depuis très longtemps. C'était les prières que Jésus récitait quand il priait. Ça m'a touchée : ça veut dire que nous parlons à Dieu avec les mêmes mots que Jésus !

Et j'ai réalisé que nous prions avec les psaumes à chaque messe. C'est le petit refrain qu'on répète entre les lectures. Parfois, quelqu'un chante tout le texte. J'aime bien chanter le refrain avec tout le monde.

À la maison, j'ai proposé qu'on prie, nous aussi, avec les psaumes. On peut toujours en trouver un qui correspond à notre humeur : la joie, la tristesse, la colère, l'inquiétude, la peur, l'attente, la surprise, la paix du cœur… Aujourd'hui, nous voulons dire à Dieu que nous avons confiance en lui !

Et toi, connais-tu les psaumes ? As-tu déjà prié avec ? Y en a-t-il un que tu aimes ? Tu peux aller en lire sur ton poster. Écris-nous pour nous raconter (voir page 5) !

Texte : Bénédicte Journet. Illustrations : Camouche.

# MA SEMAINE

## Lundi 17 février

Saint Alexis Falconieri

Ce qui me fait rire, c'est :

## Mardi 18 février

Sainte Bernadette Soubirous

Ce que je veux faire pour devenir saint :

## Mercredi 19 février

Saint Gabin de Rome

Aujourd'hui, je trouve trois choses que j'aime :

## Jeudi 20 février

Sainte Aimée

À l'école, j'aime :

## Vendredi 21 février

Saint Pierre Damien

Je prie pour les plantes et les animaux.

## Samedi 22 février

Bienheureuse Isabelle de France

Ma couleur du moment :

## Dimanche 23 février

Saint Alexandre l'Acémète

Je lis l'évangile de ce dimanche et je fais l'atelier (pages 88-91). Est-ce qu'il m'arrive de pardonner même quand c'est difficile ?

# 7E DIMANCHE DU TEMPS ORDINAIRE



## Première lecture

**Saül, le premier roi d'Israël, déteste David. Une nuit, David a l'occasion de le tuer... Pourtant, il ne le fait pas, car il respecte le roi.**

### Lecture du premier livre de Samuel

Chapitre 26, versets 2, 7 à 9, 12 à 13, et 22 à 23

En ces jours-là, Saül se mit en route, il descendit vers le désert de Zif avec trois mille hommes, l'élite d'Israël, pour y traquer David. David et Abishaï arrivèrent de nuit, près de la troupe. Or, Saül était couché, endormi, au milieu du camp, sa lance plantée en terre près de sa tête; Abner et ses hommes étaient couchés autour de lui. Alors Abishaï dit à David : « Aujourd'hui Dieu a livré ton ennemi entre tes mains. Laisse-moi donc le clouer à terre avec sa propre lance, d'un seul coup, et je n'aurai pas à m'y reprendre à deux fois. » Mais David dit à Abishaï : « Ne le tue pas ! Qui pourrait demeurer impuni après avoir porté la main sur celui qui a reçu l'onction du Seigneur ? » David prit la lance et la gourde d'eau qui étaient près de la tête de Saül, et ils s'en allèrent. Personne ne vit rien, personne ne le sut, personne ne s'éveilla : ils dormaient tous, car le Seigneur avait fait tomber sur eux un sommeil mystérieux. David passa sur l'autre versant de la montagne et s'arrêta sur le sommet, au loin, à bonne distance.
Il appela Saül et lui cria : « Voici la lance du roi.
Qu'un jeune garçon traverse et vienne la prendre !
Le Seigneur rendra à chacun selon sa justice et sa fidélité.
Aujourd'hui, le Seigneur t'avait livré entre mes mains, mais je n'ai pas voulu porter la main sur le messie du Seigneur. »

# Psaume 102

## *Le Seigneur est tendresse et pitié.*

Bénis le Seigneur, ô mon âme,
bénis son nom très saint, tout mon être !
Bénis le Seigneur, ô mon âme,
n'oublie aucun de ses bienfaits !

Car il pardonne toutes tes offenses
et te guérit de toute maladie;
il réclame ta vie à la tombe
et te couronne d'amour et de tendresse.

Le Seigneur est tendresse et pitié,
lent à la colère et plein d'amour;
il n'agit pas envers nous selon nos fautes,
ne nous rend pas selon nos offenses.

Aussi loin qu'est l'orient de l'occident,
il met loin de nous nos péchés;
comme la tendresse du père pour ses fils,
la tendresse du Seigneur pour qui le craint !

## Deuxième lecture

**En chacun de nous, il y a une part de ciel et une part de terre. Jésus nous prend avec tout ce que nous sommes.**

**Lecture de la première lettre de saint Paul apôtre aux Corinthiens**

Chapitre 15, versets 45 à 49

Frères, l'Écriture dit : *Le premier homme, **Adam,** devint un être vivant*; le dernier Adam – le Christ – est devenu l'être spirituel qui donne la vie.
Ce qui vient d'abord, ce n'est pas le spirituel, mais le physique; ensuite seulement vient le spirituel.
Pétri d'argile, le premier homme vient de la terre; le deuxième homme, lui, vient du ciel.
Comme Adam est fait d'argile, ainsi les hommes sont faits d'argile; comme le Christ est du ciel, ainsi les hommes seront du ciel.
Et de même que nous aurons été à l'image de celui qui est fait d'argile, de même nous serons à l'image de celui qui vient du ciel.

• **Adam :** dans la Bible, Adam est le premier homme.
Son nom veut dire « être humain » en hébreu.
Adam représente les hommes de tous les temps.

# Évangile

**Jésus nous dit de donner, sans rien attendre, comme Dieu. Car Dieu lui-même nous a tout donné. Et plus nous donnerons, plus il nous donnera encore.**

## Évangile de Jésus Christ selon saint Luc

Chapitre 6, versets 27 à 38

En ce temps-là, Jésus déclarait à ses disciples : « Je vous le dis, à vous qui m'écoutez : **Aimez** vos ennemis, faites du bien à ceux qui vous haïssent. Souhaitez du bien à ceux qui vous maudissent, priez pour ceux qui vous calomnient. À celui qui te frappe sur une joue, présente l'autre joue. À celui qui te prend ton manteau, ne refuse pas ta tunique. Donne à quiconque te demande, et à qui prend ton bien, ne le réclame pas. Ce que vous voulez que les autres fassent pour vous, faites-le aussi pour eux. Si vous aimez ceux qui vous aiment, quelle reconnaissance méritez-vous ?

- **Aimez :** ici, aimer, ce n'est pas seulement éprouver un sentiment. L'amour se montre par des actions : c'est faire du bien aux autres même s'ils nous détestent. Un amour pareil n'est possible que si Dieu nous en donne la force.
- **les ingrats :** un ingrat ne sait pas reconnaître le bien qu'on lui fait.
- **miséricordieux :** être miséricordieux, c'est être sensible à la souffrance de l'autre et pardonner à ceux qui nous ont fait du mal.
- **une mesure :** une mesure est un récipient pour mesurer la quantité de blé.

Même les pécheurs aiment ceux qui les aiment.
Si vous faites du bien à ceux qui vous en font,
quelle reconnaissance méritez-vous ? Même les pécheurs
en font autant. Si vous prêtez à ceux dont vous espérez
recevoir en retour, quelle reconnaissance méritez-vous ?
Même les pécheurs prêtent aux pécheurs pour qu'on
leur rende l'équivalent. Au contraire, aimez vos ennemis,
faites du bien et prêtez sans rien espérer en retour.
Alors votre récompense sera grande, et vous serez les fils
du Très-Haut, car lui, il est bon pour **les ingrats** et les méchants.
Soyez **miséricordieux** comme votre Père est miséricordieux.
Ne jugez pas, et vous ne serez pas jugés; ne condamnez pas,
et vous ne serez pas condamnés. Pardonnez,
et vous serez pardonnés. Donnez, et l'on vous donnera :
c'est **une mesure** bien pleine, tassée, secouée,
débordante, qui sera versée dans le pan de votre vêtement;
car la mesure dont vous vous servez pour les autres
servira de mesure aussi pour vous. »

# Ton atelier de l'Évangile

**1** Dans cet évangile, Jésus nous aide à comprendre ce qu'il faut faire en cas de conflit.

*Suis le schéma en partant de la lettre sur fond rouge pour retrouver deux conseils de Jésus.*

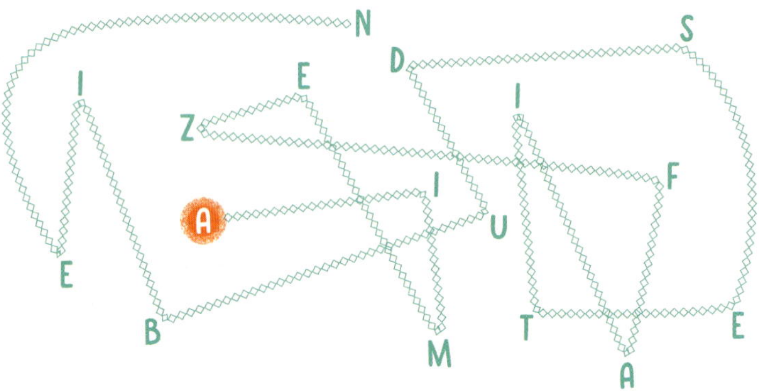


Réponse : aimez, faites du bien.

**2** Jésus nous promet une grande récompense si nous aimons nos ennemis et que nous leur faisons du bien.

*Qu'est-ce que cela te fait de savoir cela ? Coche la case qui te correspond le plus. Tu peux aussi écrire une autre réponse sur les pointillés.*

- ☐ C'est encourageant pour faire le bien.
- ☐ C'est difficile de le croire.
- ☐ C'est réconfortant ; on ne fait pas ça pour rien.
- ☐ C'est rassurant de voir que nos efforts seront récompensés.
- ☐ C'est ........................................................................

**3** **Jésus nous invite à briser le cercle de la violence.**

*Que peut-il se passer quand on arrête la violence ? Colorie les flèches pour trouver la réponse.*

**4**

Jésus promet de nous donner en récompense : « une mesure bien pleine, tassée, secouée, débordante ».

*Dans ce verre doseur, dessine la quantité que Dieu donne quand on essaie d'aimer les autres, quels qu'ils soient.*

## Autrement dit

« Aimez vos ennemis ! » Ce que Jésus demande est difficile. Et il insiste : il ne suffit pas d'aimer seulement ceux qui nous aiment ! Ne pas juger, aimer et pardonner, comme Dieu le fait avec nous : voilà un appel de Jésus qui est exigeant ! Dieu nous invite à nous aimer les uns les autres comme il nous a aimés. Et si nous essayions pour de vrai ?

Les personnages de la Bible

# Saint Luc,
## l'évangéliste

**Luc est un médecin et un compagnon de saint Paul. Il est l'auteur de deux livres du Nouveau Testament : un Évangile et les Actes des Apôtres.**

### Les différents métiers de Luc

Luc est un historien : pour recueillir des informations sur Jésus, il mène l'enquête auprès des personnes qui ont connu Jésus.

Luc est un écrivain : dans son Évangile, il raconte notamment l'enfance de Jésus. Il écrit un autre livre, les Actes des Apôtres, sur les aventures des premiers chrétiens.

Et, en plus, on dit que Luc est un médecin et un peintre. C'est pourquoi l'histoire en a fait le saint patron des médecins et des artistes.

### Luc a écrit l'histoire de Jésus

Luc est grec. Il habite la ville d'Antioche, en Syrie actuelle. Il n'a pas connu personnellement Jésus, mais il a entendu parler de lui. Luc va écrire l'histoire de Jésus : c'est l'Évangile selon saint Luc. Il est très ami avec saint Paul et fait plusieurs voyages avec lui.

# Comment reconnaître saint Luc ?

### LE TAUREAU

Luc est symbolisé par un taureau, parfois avec des ailes. Le taureau était l'un des animaux sacrifiés dans le Temple au temps de Jésus.

### UN LIVRE OU UN PARCHEMIN

Un parchemin ou un livre se trouve dans les mains de saint Luc (ou entre les pattes du taureau). Il symbolise l'Évangile et les Actes des Apôtres, écrits par Luc.

Texte : Amata Mbani. Illustrations : Delphine Renon.

# Un témoin

Tu sais bien, Seigneur Jésus,
que j'ai parfois peur de dire que tu es mon ami.

Heureusement, d'autres avant moi
ont eu le courage de transmettre ta parole.
Depuis tes Apôtres jusqu'à aujourd'hui,
tes témoins ont été nombreux.

À mon tour, donne-moi d'être un témoin joyeux.
Que mes paroles viennent du cœur
et touchent ceux qui sont à mes côtés.

# Pour découvrir Notre-Dame de Paris

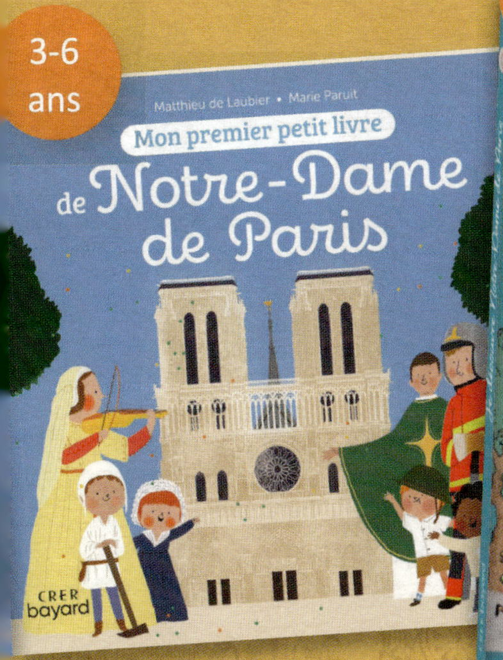


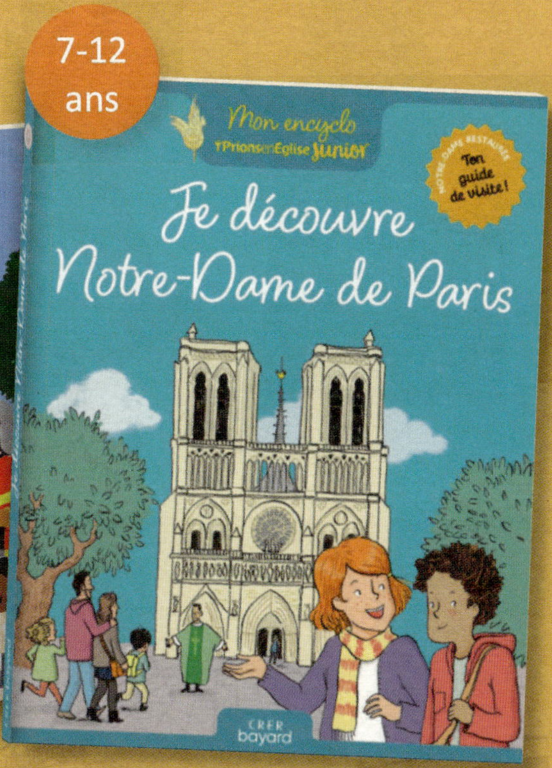


**EN LIBRAIRIE**

CRER bayard

# Alicja danse

« Je m'appelle Alicja. J'ai 10 ans. Je vis à Rodez (12). Je pratique la danse depuis six ans. »

Alicja a toujours voulu faire des spectacles de danse.

## DEPUIS MES 4 ANS

**Toute petite, je voulais déjà danser.** À 2 ans, quand je voyais danser ma grande sœur Maya, j'essayais de faire comme elle. J'allais à ses spectacles, à Noël et en juin. Quand je voyais les autres danseuses pleines de souplesse, je voulais être comme elles. J'étais très impressionnée par leurs costumes, je les trouvais magnifiques. J'ai donc commencé la danse à 4 ans.

## 4 À 5 HEURES PAR SEMAINE

**Je danse 4 à 5 heures chaque semaine.** Le mardi, je fais des pointes puis du contemporain. Le jeudi soir, je fais de la danse classique puis du caractère, une danse russe avec des chaussures à talon. Mais je danse aussi beaucoup chez moi, quand je rentre de l'école ou lorsque je dois aller me coucher. On fait souvent des spectacles avec Maya, qui est très forte en danse, pour nos parents.

Alicja danse presque tous les jours.

Pour Alicja, la danse, c'est du travail et de la joie.

## UN DON DE DIEU

**La danse est un don du Seigneur.** Parfois, dans ma tête, je loue le Seigneur et je le remercie en dansant. Il m'aide à me concentrer, me donne de la force lorsque les exercices ou les chorégraphies sont plus difficiles. À la danse, j'apprends la patience. La danse demande beaucoup de travail et d'efforts. J'y vis aussi de vraies joies. L'an dernier, j'ai aidé les petits durant leur gala. J'étais si fière !

Propos recueillis par Anne-Quitterie Jozeau. Photos : DR.

# PIERRE, apôtre de Jésus

UNE HISTOIRE RACONTÉE D'APRÈS LES ÉVANGILES

Connais-tu l'histoire de Pierre ?
Sa rencontre avec Jésus a bouleversé sa vie.
Il a même changé de nom : avant, il s'appelait Simon.

# HISTOIRE VRAIE

*Jean Baptiste baptise ceux qui veulent changer leur vie en les plongeant dans l'eau du Jourdain. **Messie : on dit aussi « Christ ». Cela veut dire « consacré et envoyé par Dieu ». Depuis des siècles, le peuple juif attend un Messie. ***Maître : titre qui marque le respect.

isciples : on appelle ainsi ceux et celles qui admirent la vie et les paroles de Jésus, et qui le suivent.

Puis Simon suit Jésus sur les chemins et s'étonne de ce qu'il dit et ce qu'il fait.
Cette femme a trompé son mari ! Elle doit mourir !
Que celui qui n'a jamais péché lui jette la première pierre...
Va, et ne fais plus de péchés...
Qui est donc cet homme ? Ses actes et ses paroles sont si extraordinaires...
Un matin, Jésus dit à ses disciples...
Approchez-vous !
Cette nuit, j'ai longtemps prié mon Père...
Je vais choisir douze d'entre vous pour m'aider à annoncer la Bonne Nouvelle...
Simon, viens près de moi !
Ton frère André aussi ! Jacques et Jean !
Philippe ! Barthélemy ! Thomas et Matthieu !
L'autre Jacques, Thaddée, Simon le Zélote et Judas !
On appellera ces douze disciples les « Apôtres ».

Une autre fois...
Pourquoi Jésus nous a-t-il obligés à traverser le lac en pleine nuit ?
Je ne sais pas ! Mais quelle tempête !
Regardez là-bas ! On dirait un homme qui marche sur l'eau !
C'est un fantôme !
Ah !
Ayez confiance : c'est moi, Jésus ! N'ayez pas peur !
Seigneur si c'est bien toi, ordonne-moi de venir vers toi sur l'eau !
Viens !
J'ai peur ! Je coule !
Seigneur, sauve-moi !
Homme de peu de foi, pourquoi as-tu douté ?
Vraiment tu es Fils de Dieu !

## HISTOIRE VRAIE

*Prophète : un prophète est une personne dont la vie et les paroles sont inspirées par Dieu. Élie, Jérémie et Jean Baptiste sont des grands prophètes pour les Juifs. **Église : ce mot veut dire « assemblée ».

a Pâque : c'est une très grande fête religieuse. Les Juifs fêtent Dieu qui a libéré leurs ancêtres de l'esclavage en Égypte, ous la conduite de Moïse. **Avant les repas, un serviteur lave les pieds des invités pour enlever la poussière des chemins.

*Jardin des Oliviers : c'est un jardin public, à côté de Jérusalem, où l'on peut se promener et se reposer.

**Temple : le temple de Jérusalem est un énorme ensemble de bâtiments. Pour les Juifs, il représente la maison de Dieu parmi les hommes.

Je te reconnais, toi ! Tu es un ami de Jésus !
Mais non ! Tu dis n'importe quoi !
Plus tard...
Tiens ! Celui-là, il était avec Jésus de Nazareth !
Je ne le connais même pas !
ne heure après...
Je suis sûre qu'il faisait partie de sa bande, celui-là !
Ça suffit ! Je vous jure que je ne sais pas qui c'est !
Cocorico !
« Écoute-moi, Pierre : demain matin, quand le coq chantera, tu auras juré trois fois que tu ne me connais pas. »

# HISTOIRE VRAIE

Quelques jours plus tard, Pierre est revenu au bord du lac de Tibériade. Un matin...
Ohé ! les amis ! Avez-vous du poisson ?
Non !
Jetez le filet à droite de la barque, vous en trouverez !
Pierre, regarde ! C'est Jésus ! C'est le Seigneur !
Mais oui, tu as raison !
Apporte quelques poissons ! Nous allons manger...
Après le repas...
Pierre, m'aimes-tu vraiment ?
Oui, Seigneur, tu sais que je t'aime !
Alors, garde mes agneaux...
Pierre, m'aimes-tu ?
Oui, Seigneur, tu sais bien que je t'aime !
Sois le berger de mes brebis...
Pierre, m'aimes-tu ?
Mais enfin, Seigneur, tu sais que je t'aime !
Alors, occupe-toi de mon troupeau, et sois toujours avec moi...
Pierre comprend alors que Jésus lui confie le groupe de ses disciples.

## HISTOIRE VRAIE

* Pentecôte : lors de cette fête religieuse, les Juifs remercient Dieu d'avoir donné autrefois à Moïse ses dix paroles sur la montagne du Sinaï.
** Esprit de Dieu : on dit aussi « Esprit Saint ».

À DÉCOUPER OU À PHOTOCOPIER

• Jésus,
je te prie pour ............
Parce que ............
............
............
Jésus, donne-lui la force de............
............
............

• Jésus,
je te prie pour ............
Parce que............
............
............
Jésus, donne-lui la force de............
............
............

• Jésus,
je te prie pour ............
Parce que............
............
............
Jésus, donne-lui la force de............
............
............

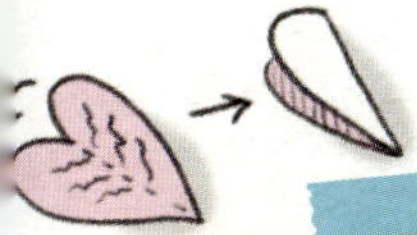

Tu peux écrire tes prières sur les cœurs, les découper, les plier en deux puis les mettre dans ton coin prière.